スマイル

生まれてきてくれて ありがとう

島津智之
中本さおり
認定NPO法人
NEXTEP 編著

クリエイツかもがわ
CREATES KAMOGAWA

Prologue
プロローグ

認定NPO法人　NEXTEP理事長
熊本再春荘病院　小児科医
島津　智之

「行ってきまーす！」

今日も元気なかけ声とともに、訪問看護師たちが障害のある子どもたちの家庭に出かけていきます。熊本市の北東にある熊本県合志《こうし》市。ここに、子ども専門の訪問看護ステーション「ステップ♪キッズ」があります。

ステップ♪キッズには十数人の訪問看護師がいて、月曜日から金曜日までの毎日、合志市周辺の利用者宅を訪問しています。利用者のほとんどは、重い障害がある子どもたち。訪問看護師のほか、ときにはヘルパーや理学療法士、言語聴覚士も訪問し、「○○ちゃん、こんにちは～！　今日もニコニコだね～」と明るい声で子どもたちに話しかけます。子どもをお風呂に入れるときも、歌を歌ったり、お母さんとおしゃべりしたり。静かなときがないくらい、いつもワイワイとにぎやかです。

ステップ♪キッズを運営するのは、「ネクステップ（ＮＥＸＴＥＰ）」というＮＰＯ法人。私が医学部六年生のときに立ち上げた団体です。ネクステップは当初、ＮＰＯ法人ではなく、学生スタッフを中心とした任意団体でした。熊本県内のさまざまな大学、学部の学生たちが、学校の枠を超えて集まり、魅力的な活動をしている人を招いての講演会や異業種交流会の企画・運営が主だった活動でした。

そのうち、ロビン・ウィリアムズ主演の映画「パッチ・アダムス」のモデルとなった医師、ハンター・アダムス氏を熊本に呼ぶという、途方もなくスケールの大きなイベントに取り組むようになりました。ハンター・アダムス氏は「笑い」を治療に取り入れるアメリカ人医師で、病院の規則に背きながらも、患者たちにユーモアを提供し続けました。その姿が感動を呼び、映画は全米ナンバーワンヒットを記録しました。

イベントに関わったスタッフはおよそ一〇〇人、経費は約一〇〇〇万円、来場者は２０００人。スタッフのほとんどがイベントの素人で、計画は手探りで進んでいきました。そして、一年の歳月を経て、ついにそのイベントを開催することができました。

ハンター・アダムス氏は語りかけました。「実現したい夢があったら、まず行動しなさい。そうしたら仲間が集まってきます。夢を語り出したときから、行動を起こしたときから、あなたは一人じゃない」

私は、これほどの規模のイベントを、素人のスタッフでやり遂げたことに、大きな手応えを感じました。一人ではできないことを、たくさんの人が知恵やエネルギーを持ち寄ることで実現できた、またとない体験だったと思います。「思いを形にすることは、可能なんだ」。そう実感しました。

それから五年後、ネクステップをＮＰＯ法人にし、訪問看護ステーション「ステップ♪キッズ」を立ち上げました。当時、ほとんど存在しなかった「子ども専門の訪問看護」を実現するためです。

連動する事業

ＮＰＯ法人ネクステップの活動には、三つの事業があります。一つはステップ♪キッズを始めとした小児在宅支援事業「ステップ」部門、もう一つは不登校児をサポートする「フィールド」部門、最後の一つが、異業種交流会や講演会を行う「フォーラム」部門です。一見、この三つには何のつながりもないように思えますが、この三つが重なりあい、お互いに連動することで、新しい動きがどんどん生まれています。

ステップ♪キッズも、そのつながりあいの中で生まれ、成長してきました。パッチ・アダムスの講演イベントを成功させたのは、人と人とのつながりです。人が人を呼び、つながりがつながりをつくる中、私たちは魅力的な人たちと出会っていきました。また、「フォーラム」によって、地元企業の経営者の方々や、医療や福祉とはまったく別の分野で活躍する方々ともたくさん出会いました。

その方々が、ステップ♪キッズの立ち上げに協力してくださったのです。おかげで、小児専門の訪問看護ステーションという、他に類を見ない事業が無事に船出することができました。

それだけではありません。ステップ♪キッズに次いで立ち上げたヘルパーステーション「ドラゴンキッズ」に、なんと「フィールド」に参加していた元不登校児が、ヘルパーとして就職する、といううれしい出来事まで起きています。人と人のつながりがネクステップを支える大切なネットワークです。

なぜ、子ども専門の訪問看護なのか？

私は小児科医になって、ある愕然とする状況を知ることになります。重い障害があるお子さんの在宅生活を支える仕組みやサポート体制が、ほぼない、という状況です。そのために、生活に疲れ果てていくお母さん、だんだんとすさんでいく家族、心を閉ざしていく子どもたち……。この状況を変えたくて、ステップ♪キッズをつくったのです。

子どもたちは社会の宝物です。どんなに重い障害があっても、子どもが子どもらしくある社会、子どもを中心に笑顔があふれる社会をつくっていきたい、それがネクステップの思いです。

もし、障害があるお子さんと在宅生活を送りながら、誰にもその苦しさを打ち明けられず、一人で悩み、疲れ切っているお母さん、お父さん、ご家族がいらっしゃったら、次のことをお伝えしたいのです。障害がある子に対応した、みなさんを支援できる訪問看護が、少しずつ増えています。そして、訪問看護は「ただ子どもをお風呂に入れるだけ」ではなく、みなさんの心と人生を支えるサポーターとなり得ます。一人で悩まなくても大丈夫です。重い障害があっても、訪問看護を上手に活用すれば、きょうだいの授業参観に参加したり、七五三のお参りや記念撮影に出かけることもできます。できないとあきらめていたことも実現していけます。

医療関係者の方々にも、こうお伝えしたいと思います。子ども専門の訪問看護を形にすることは、可能です。「何から始めればいいのだろう」と悩んでいる医療関係者や訪問看護ステーションの方々には、研修会などを通じたノウハウの提供も始めています。

二〇一五年秋、ネクステップに、新たな施設が加わりました。障害児通所支援事業所「ボンボン」です。ボンボンとはフランス語でキャンディー（飴）。キャンディーは包装紙で包んであって、片方のねじりが家族、もう片方が私たちスタッフです。双方が力を合わせて真ん中のキャンディー、つまり子どもたちを包み込み、それぞれの味とカラーを発揮できる環境を整える。そんな願いを込めて名付けました。

これまでは、ステップ♪キッズやドラゴンキッズのスタッフがお宅に訪問していましたが、ボンボンができたことで、お子さんのほうから通ってもらうことができるようになりました。自宅で限られた人としか接していなかった子どもたちが、新しいお友だちと出会える場所です。どんな楽しいことが起こるのか、いまからワクワクしています。

障害があっても、親子がおうちで笑顔いっぱいで暮らすという「当たり前」を、当たり前に実現できる社会。そのために、障害がある子の家族をサポートできる体制、組織を増やすことが求められています。この本が、少しでもその助けになるのなら、こんなにうれしいことはありません。

「生まれてきてくれてありがとう」

これまでに出会った子どもたちが私の活動の原動力です。

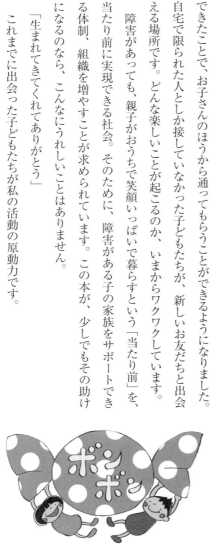

スマイル　生まれてきてくれてありがとう　目次

Smile 1

もっと早く、あったらなあ…

おめでとう！　二十歳

心地よい風が吹き抜ける田園。その一角に建っている団地に、れいかちゃんはいる。

「この前ね、れいかの友だちがうちに来てくれたんです。その子、福祉の道に進むんだって」。

れいかちゃんのお母さんがうれしそうに笑う。心なしか、れいかちゃんも笑っているように見える。いや、れいかちゃんはいつだって、笑顔だ。

世の中がバブル崩壊でへこんでいるとき、れいかちゃんは生まれた。三一二八グラムの大きな赤ちゃん。産婦人科にいるほかの赤ちゃんたちが、小さくかわいらしく見えたことを、お母さんは覚えている。

あれから二〇年。れいかちゃんは二十歳になった。でも、その命の時計は、一一歳で止まったままだ。きれいに整えられた仏壇のそばで、れいかちゃんの写真が、晴れやかな表情で来る人を迎える。

「もう来なくていいよって言うのに、みんな来るのよ」とお母さん。れいかちゃんの家には、保育園時代からの友だち、れいかちゃんの主治医だった島津医師、障害がある子のママ友たちが、いまも変わらずやってくる。そして、お母さんとおしゃべりして帰っていく。

れいかちゃんはもういないのに、どうしてみんなやって来るのか。それは、れいかちゃんが、みんなにいろいろな「宝物」をくれたからだ。小児の訪問看護という言葉すら知られていなかった一九九〇年代。重度の障害があり、人工呼吸器をつけた子が地域で生きていくのは、いまの比ではないくらい大変だった。でも、その大変さを、友だち、学校の先生、ご近所の人たち、医療機器メーカーの担当者さんたちが支えてくれた。その日々は、お母さんにとって、決してつらいだけの日々ではなかった。

小児の訪問看護がない時代、れいかちゃん

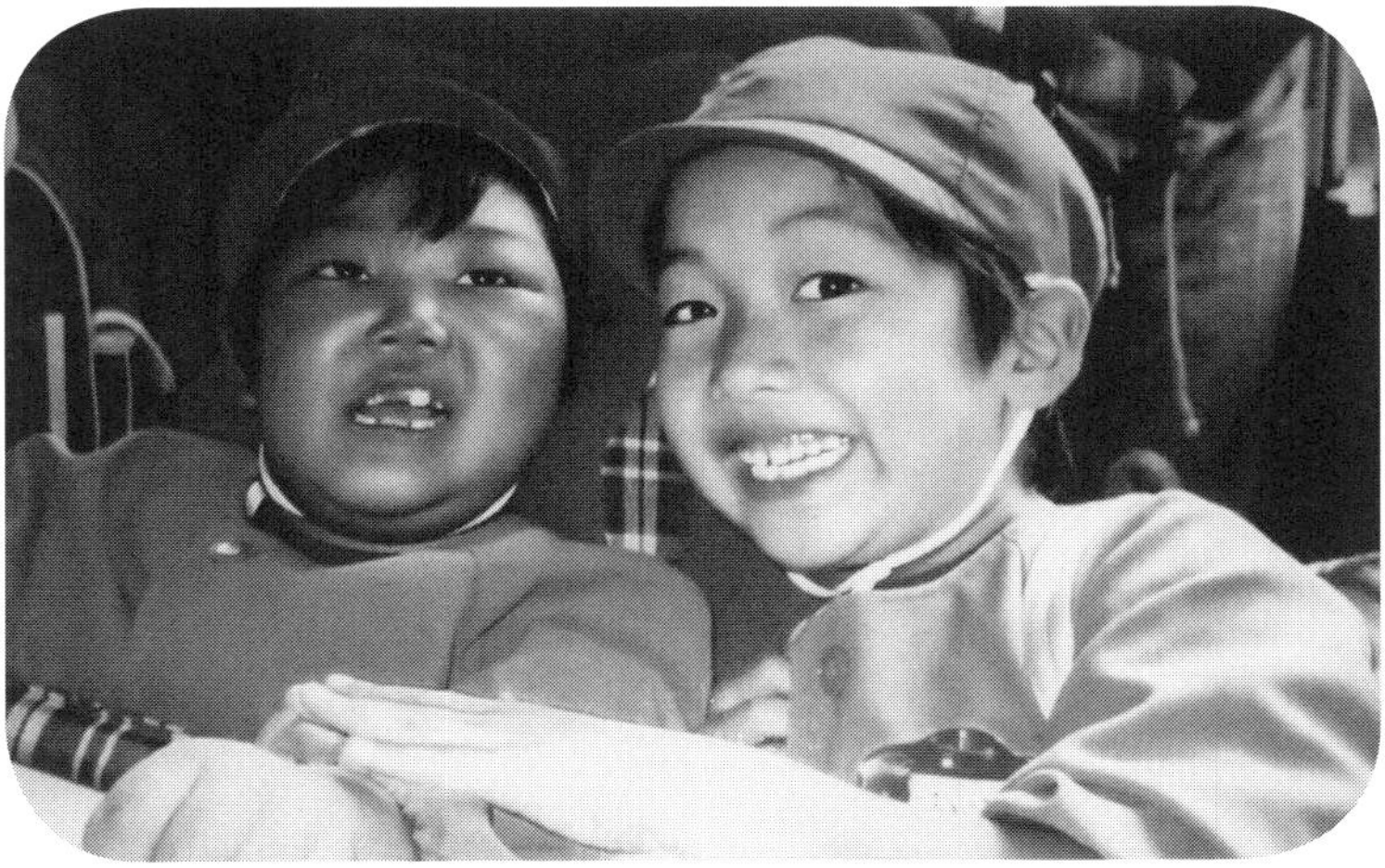

れいかちゃんと保育園のお友だち

とお母さん、その家族、まわりの人たちは、どう動いてどう生きたのか。ここに、小児訪問看護のやるべきこと、その存在する意味がぎゅっと詰まっている。時計を巻き戻して、れいかちゃんの生きた足跡をたどってみる。

柔らかい乳幼児

へんだな、と思ったのは、れいかちゃんが生まれて三か月ほど経った頃だ。母子手帳を見ると、成長グラフの生後三～四か月のところに「首すわり」と書いてある。でもれいかちゃんは、うつ伏せから首を少し持ち上げるといった動作すらしない。「大学病院の発達小児科を受診されたらどうでしょう」。かかりつけの病院にそう言われ、熊本大学病院の門をたたいた。このときから、れいかちゃんは検査、検査の連続にさらされることになる。

お乳を吐く。夏には脱水症状を起こす。そんなれいかちゃんを抱いて、お母さんは大学病院に

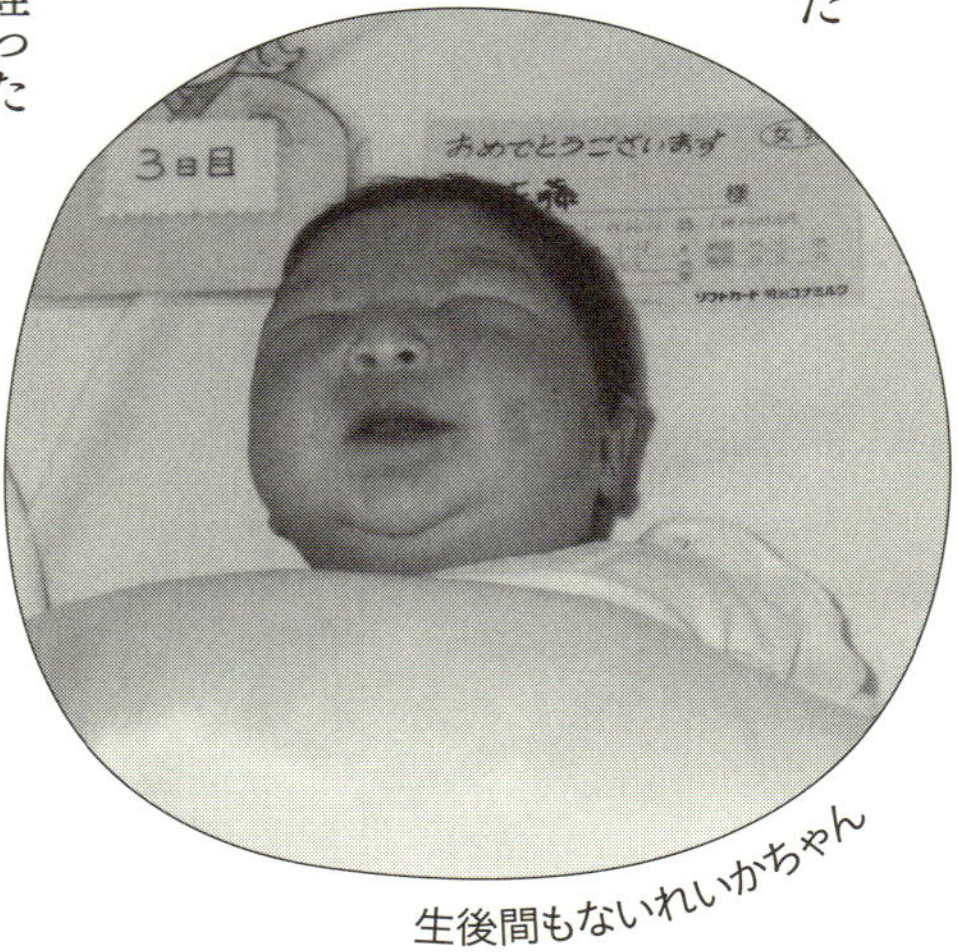

生後間もないれいかちゃん

通った。でも、いくつもの検査をしたにもかかわらず、出る結果はいつも同じ。「引っかかる病気はありませんね」。原因がわからないまま時が過ぎた。

れいかちゃんには、「脳性まひ」という病名がついている。でもこれは、身体障害者手帳を申請するとき、かろうじてつけられた病名。何が原因なのかはいまもわからない。

れいかちゃんは、脳性まひの中でも、筋肉がやわらかくてフニャフニャする「フロッピーインファント」と呼ばれるタイプだった。日本語に訳すと「柔らかい乳幼児」だ。

お母さんとれいかちゃんは、リハビリを行うセンターに通い、訓練も受けた。そのかいあって、ほかの赤ちゃんより半年ほど遅れて、両手をついて首を持ち上げられるようになった。ところが、高熱を出して脱水症状を起こしたのを機に、また首を持ち上げることができなくなった。

もう、検査やめよっか

脳脊髄液の検査、筋肉の検査。大人だって悲鳴をあげたくなる検査を、れいかちゃんは受け続けていた。でもやっぱり原因はわからない。れいかちゃんが一歳を迎えたとき、お母さんはお父さんにこう言った。

「ねえパパ、もう検査とか受けるの、やめようか」

「原因がわからんでもええとね？」

「そりゃ病名がわかったほうがいいけど、これまで全部違ったけん。それに、痛い思いをさせるのもかわいそう。だけんもう、病名を追い求めるより、これからどうしていくか考えようよ」

「うん……」

お母さんだって、スパッと割り切れたわけではなかった。なんで?と何度も自問自答し、悩んだ。でも、れいかちゃんと同じ病棟にいる子のお母さんたちが、ヒントと勇気をくれた。

病棟では、お母さんたちがいろいろな話をする。病名がついている子もたくさんいる。その中の一人のお母さんが、こう言った。「うちはだんだん進行していく病気。だから、いつまで生きられるか、わかんない…」。この言葉を聞いたとき、れいかちゃんのお母さんはこう思った。「ああ、みんな闘っているんだ」

病名がつかず、悩み苦しむ自分がいる。かたや病名が判明し、将来が見えてしまったお母さんがいる。どっちが良くてどっちが悪いではない。お互いに、たたかっているんだ…。

もう、過去を振り返らないで進もう。親の自分たちが暗い顔をしていたら、れいかだってきっとうれしくない。気持ちを切り替えよう。親が笑顔だったら、絶対に子どもも笑顔になれる！

お父さんとお母さんは、そう心に決めた。

･ᴗ･ 毎日がめまぐるしい

れいかちゃんは、二歳になる前に胃ろう※にした。相変わらずお乳は吐くし、体重は増えない。胃に入ったものが逆流する症状がそうさせていた。まだ小さな体なのに、胃ろうの手術を受けさせても大丈夫かな、と悩んだが、いまの状態でいいはずはない。不安はあったが、思い切って手術。その結果、れいかちゃんは、お腹から栄養をとれるようになった。

当時、れいかちゃん一家は阿蘇に住んでいた。れいかちゃんが四歳を迎えるころには、弟も生まれていた。障害があっても、れいかちゃんは家族。いっしょに住むのが自然なこと。だから、家族みんなが自宅でいっしょに暮らすことに迷いはなかった。

※胃ろう…口から十分に物を食べられなくなった人のお腹の壁と胃の壁に穴を開け、そこにチューブを挿入し、水分や栄養を注入する。胃ろうをつくるためには手術が必要となる。

でも、れいかちゃんはたびたび容態が悪くなり、病院での点滴や救急搬送が必要になった。それなのに、阿蘇には小児科の専門医がおらず、れいかちゃんの体に点滴の針すらうまく入れられない。かといって、地域を越えて熊本市内の大学病院に運ぶには遠すぎた。「ああ、ここにいてもダメだ…」。お母さんはお父さんに「少しでも大学病院に近いところに行きたい」と引っ越しをお願いした。

もう一つ、お母さんには「こうしてほしいな」と思っていたことがあった。その頃、お父さんは仕事で毎晩帰りが遅かった。れいかちゃんをお風呂に入れるのも、お母さん一人ではひと苦労。早く帰ってきて手伝ってほしいし、夜は家族といっしょに過ごしてほしいな、と思っていた。

お父さんは、そんなお母さんの望みを受け入れ、転職。こうして一家は、熊本市に隣接する菊陽町に移り住むことができた。「大学病院も近くなって、かなりラクになりました」と、お母さんはその頃を振り返る。

でも、本当に毎日がラクになったかというと、実際には息つく暇もないくらい忙しかった。弟が保育園に通い始めると、頻繁に保育園行事がある。それに参加しようとすると、れいかちゃんをどうする？　という問題が必ず発生した。幸い、れいかちゃんのおばあちゃんが看護師だったこともあり、休みの日にはときどき手伝いにきてくれた。お父さんも積極的に協力してくれた。

でも、いつも人手があるわけではない。お父さんが仕事に出かけている日中は、すべてお母さんがやらなくてはならない。例えば買い物に行くとき、お母さんはいつもれいかちゃんを連れて行ったが、雨の日はさすがに連れては行けない。かといって、れいかちゃんを一人自宅に残すわけにもいかない。誰もが普通にやっている「ちょっとそこまで」ができないのだ。毎日毎日、行き当たりばったりでやり過ごしている感じだった。

最初のハードル

冬が過ぎ、春が来て、れいかちゃんは五歳を迎えようとしていた。弟はすでに保育園に通っていたが、れいかちゃんはまだだった。「なんとか保育園に通わせたいな」。お母さんはそう考え始めた。学校に行く年齢になれば、きっと地域の小学校ではなく、少し離れた特別支援学校に通うことになる。ならば、学校に上がる直前のいま、れいかちゃんを地域の子どもたちといっしょに過ごさせてあげたいなと思ったからだ。

ところが、すんなりとはいかなかった。弟ゆうせい君の保育園入園は、「お母さんにはれいかちゃんの介護があるから」と難なく認められた。しかし、れいかちゃんの場合は違った。町の福祉課は、お母さんが仕事をしていて、日中はれいかちゃんの面倒を見られないという状況でなければ、れいかちゃんの保育園入園は認められないとお母さんに告げた。

じゃあ仕事をすればいいんだと、お母さんは知り合いの会社で働かせてもらうことにした。すると今度は、保育園のほうから「入園するには、お母さんの付き添いがいります。胃ろうの子に栄養を入れる行為は、医療行為に当たるので、保育園ではできません」と言う。

働かなければ入園できない、働いたら付き添いができないから入園できない。「何、こ

七五三のとき

のおかしな状況…」とお母さんは思い、保育園に「福祉課では『働かないと入園できない』と言われたから仕事を見つけたのに、働いたら次は保育園がダメなんて、おかしくないですか。そちらで福祉課のほうと話し合ってください」と直談判した。

しばらくして、連絡があった。お母さんが仕事を辞めてれいかちゃんの付き添いをしても、保育園には行ける、とのことだった。

それからバギーを押して、れいかちゃんとゆうせい君と保育園に通う日々が始まった。同じ年頃の子どもたちとふれあうようになると、れいかちゃんは目に見えて変わっていった。まず、笑顔が増えた。体重も増えて、プクプクふくよかになってきた。保育園から帰りたくないと泣き出したことも何度もある。親としては「私より保育園がいいの?」と少し悔しくなったが、一方で「保育園って、そんなに楽しいんだ」とも思った。

保育園では、思わぬ助っ人がたくさん現れた。子どもたちだ。れいかちゃんのバギーを押す当番があり、「次は私!」と順番に手伝ってくれた。芋掘りのときは、みんなでれいかちゃんを抱いて支えてくれた。大人と違って、子どもたちは何のフィルターもかけずにれいかちゃんを見る。障害があるかどうかは、子どもたちには関係ない。みんな同じ園に通う「友だち」なのだ。

れいかちゃん入園式

なんでうちの小学校に来ないの？

れいかちゃんの就学前、お母さんは、れいかちゃんを入学させる支援学校を見学しに出かけている。地域の小学校に通わせるという考えはなかった。れいかは支援学校に行くものだ、と思っていたからだ。

しかし、地元の小学校にいた養護の先生が、お母さんにこう話しかけてきた。

「れいかちゃんは、うちの小学校に来るんだと思っとったのに、お母さんはどう思っとると？」

「え？　支援学校に行くしかないですよね」

「どうして？　地域の学校に通わせたいって、思わんと？」

「だって、そんなの無理でしょ」

「いいえ、無理じゃなかよ」

校長先生に会ってみると、やっぱり同じことを言われた。

「支援学校に通わせて、お母さんはそれでいいんですか？」

「いやいや、通わせれるなら、こちらの学校に通わせたいです」

大丈夫ですよ〜と口々に言う先生たち。お母さんはこのとき「ああ、重い障害があっても、地域の学校に通えるんだ」ということを初めて知り、心からうれしく思った。

ところが、うるさかったのが教育委員会だ。れいかちゃんの身体障害者手帳に「脳性まひ」とあるのを見て、「この子に合った教育なら、特別支援学校のほうがいいと思いますよ」と、特別支援学校の資料をたくさん渡してきた。お母さんは思った。「ん？　あなた、うちの子を見たことあると？」。一口に障害と言っても、いろいろなケースがある。一人として同じ状態の子はいない。それなのに、病名だけを見て「この子に合った教育は…」と執拗に勧めてくる。それはおかしいと、お母さんは思った。

確かに最初は、障害がある子＝支援学校だと思っていた。でも、障害があっても地域の小学校に通えることがわかった。考えてみれば、人知れず遠く離れた支援学校に通って、たまに姿を見た地域の人に「あの子は誰？」と言われるのが、自然なことであるはずがない。登下校のときに「あ、れいかちゃんお帰り〜」と声をかけてもらえるのが普通だ。

お母さんは言う。「義務教育だからこそ、この子は地域で暮らしたっていい」。障害があってもなくても、子どもたちには地域の中で育ってほしい。支援学校がダメなわけじゃない。でも、れいかのためを思うなら、地元の小学校に入学させてほしい。

その願いは、届いた。お母さんだけでなく、小学校からも教育委員会に働きかけてくれた結果、家族の付き添いを条件に、れいかちゃんは地元の小学校に通うことになった。保育園で「れいかもみんなといっしょの学校に行くよ」と言うと、子どもたちもすごく喜んだ。

「任せといて。私たちがいるから大丈夫!」。

なんて頼もしい子どもたちなんだろうと、お母さんは改めて思った。

大きな試練

れいかちゃんが小学校に通うようになって、お母さんの忙しさは加速した。何しろ、付き添いが条件で入学できたのだから、一日に四回、学校で学ぶれいかちゃんのもとに通わなければならない。朝、れいかちゃんを学校に送り届けて、急いで帰宅して洗濯や掃除を終わらせる。一〇時過ぎになったら、再び学校に出向いて、れいかちゃんに胃ろうからの栄養注入と水分補給。それが終わったらまた帰宅し、今度は買い物。買い物がすんだら給食時間に栄養注入と水分補給。その後、息をつく暇もなくれいかちゃんのお迎え…。まさに時間とのたたかい。毎日追われるように過ごした。

一番つらかったのは、お母さんが体調を崩したときだ。れいかちゃんを小学校に送り届け、診察を受けに病院に行くと、待合室には患者さんがいっぱい。自分の順番が回ってくるまで何十分かかるかわからない。ぎりぎりまで待ってみたけど、それでも名前を呼ばれない。れいかちゃんに栄養と水分を補給する時間が刻々と迫ってくる。「だめだ…時間切れ」。結局、診察を受けることなく病院を後にする。そんなことが何度かあった。

その生活が一段落するのが、れいかちゃんが三年生になったときだ。お母さんと菊陽町は議論を重ね、試行錯誤の末、毎日付き添いをしなければならないお母さんの負担軽減のために、公費で小学校に看護師を派遣することを決めた。お母さんの思いが行政を動かしたのだ。看護師なら、胃ろうを通じた栄養注入などの医療行為を、親に代わってやってくれる。お母さんはようやく、ちょっとだけひと息つけるようになった。

お母さんの付き添いなしで小学校に通い、友だちに囲まれていた小学校四年生。このとき、れいかちゃんに大きな試練が訪れた。体調が悪化して入院していたとき、病室で突然の呼吸停止に陥った。すぐに医師や看護師が駆けつけ、気管に管を入れ、人工呼吸器を使用することで、なんとか一命を取り留めた。「ああ、良かった…」。ほっとしたお母さんに、れいかちゃんのお見舞いに来ていた弟のゆうせい君がこう言った。「ママ、明日、ぼくの入学式なんだけど…」

お母さんは「あっ!」と思った。れいかちゃんの容態急変で、入学式のことがすっかり頭から飛んでしまっていたのだ。「どうしよう……」。途方に暮れているところに声をかけてきたのが、島津医師だ。

このときれいかちゃんは、熊本大学病院から、島津医師のいる熊本再春荘病院へとかかりつけを変えていた。「大学病院だと、いつも主治医の先生がいるわけではないから、れいかの症状やケアについて何か聞きたいことがあると、看護師さんを通じて聞いてもらうしかありませんでした。だから、ちょっとしたことなのに返事が返ってくるまで時間がかかる。会話のキャッチボールがうまくいかなかったんです」とお母さんは話す。

反面、地域の病院である熊本再春荘病院なら、医師と患者との距離が近い。それに、れいかちゃんの主治医となった島津医師は、いつ行ってもなぜだかちゃんと病院にいた。ささいなことを直に聞くことができたのが、お母さんにはありがたかった。

島津医師は、弟の入学式を翌日に控えて困っていたお母さんに、「れいかちゃんは、うちの病院で看ていますよ。だから、明日はお父さんもお母さんも、ゆうせい君の入学式に行ってください」と言ってくれた。「ありがとうございます!」。お母さんは胸をなでおろした。

入学式が無事に終わり、病院にいるれいかちゃんのもとに帰ってきても、れいかちゃんの意識は戻っていなかった。口には呼吸を補助するための挿管チューブと人工呼吸器がついている。このままでは自宅に帰れない。

「どうしたら家に帰れますか」。島津医師にそう聞くと、「挿管チューブを入れたまま家に帰ることはできません。気管切開という手術をうけて、人工呼吸器をつけられるようにすれば、お家に帰ることができます」と答えた。気管切開は、喉にメスを入れて気管を開き、そこにカニュレと呼ばれる小さな器具をつけ、人工呼吸器をつなげる。これなら、自宅でも気管切開のところに人工呼吸器をつなげることができ、呼吸の補助ができるので安心だ。

でも、新たな問題も発生した。れいかちゃんは、自力で痰を出せないから、こまめに吸引する必要がある。そのためお母さんは、家に帰るまでに、気管カニュレのところからチューブを入れて痰を吸引する練習が必要だった。さらに大きな問題は、人工呼吸器をつけたままでの移動だ。それまではお母さん一人での通院も可能だったが、人工呼吸器がつくと通院も簡単にはできなくなった。胃ろうからの栄養や水分補給に加えて、気管からの痰の吸引、人工呼吸器と一気に医療行為が増えた。いままで以上に手がかかるけど、でも、住み慣れた家でみんないっしょに暮らすには、それが必要だ…。

もう一つの心配が、この状態で学校に通えるのかということだった。れいかちゃんの入院中、担任の先生は、れいかちゃんにクラスみんなの声を届けようと、授業の様子を録音してくれた。「今、こんな授業してるよ〜、みんな待ってるからね」。そんな声が、れいかちゃんの耳元に届けられた。こんなにもみんなが楽しみに待ってくれているのに、れいかは本当に学校に戻れるのだろうか……。お母さんは校長先生に尋ねてみた。

「学校はどうなりますか？　通うことができますか？」

「当たり前じゃないですか。れいかちゃんはうちの学校の子ですから」。

お母さんの胸に熱いものがこみ上げてきた。

れいかちゃんは間もなく、気管切開の手術を受け、再び自宅へと戻った。

訪問看護に入ってもらう

お父さんは、れいかちゃんが大好きだ。痰の吸引は尻込みしてやりたがらなかったが、毎日のようにれいかちゃんをお風呂に入れてくれた。でもお母さんは体が大きくなったれいかちゃんをみて「お父さんには、たまには一人で、ゆっくりとお風呂に入ってもらいたいな」と考えていた。「週一回だけでも居宅介護のヘルパーさんに入浴介助に来てもらえば、れいかをお風呂に入れてもらえる」。そんな思いで小学校3年生のときにヘルパーを申し込んだ。

その時間は、お母さんも少しゆっくりできる。時間に追われる生活の中で、ちょっとでも空き時間ができることは、お母さんにとって、ささやかな「ゆとり」だった。

ところが、その居宅介護サービスを、たった半年ほどでやめてしまった。お母さんはその理由を、口ごもりながら語る。「来てくれるスタッフの方が、いろいろと口を出してくるようになって…」

ある日、いつものようにれいかちゃんをお風呂に入れてもらっているとき、お母さんは「ちょっと手が空いた」と、家のまわりの草取りをし始めた。れいかちゃんと二人のときは、そんなわずかな作業もできない。ここぞとばかりに作業をしていると、スタッフの一人がこんな言葉を投げかけてきた。「いいよね。私たちがお風呂に入れている間に、草取りなんかして」

はっきりそう言われたわけではないが、そんなニュアンスだった。「え？　だってお金を払って訪問サービスに来てもらっているのに、なんで別のことをしていると、そんなふうに言われるの？」。納得できない気持ちでいっぱいになった。そのうち、訪問スタッフがやって来るたびに、ストレスを感じるようになった。これまで島津医師にしていた細々とした質問を、訪問スタッフに聞けるようになったのは良かった。でも、納得できない発言を繰り返されるうちに、居宅介護の入る毎週水曜日が、たまらなく憂鬱になった。

お父さんに事情を話し、「やめていいかな?」と相談すると、「お前がイヤだったらやめればいいよ」とあっさり。お父さんは再び、れいかちゃんを毎日お風呂に入れる日々に戻った。

その後、少し経ってから訪問看護を利用するようになった。でもどういうわけか、次々に担当が代わっていく。確かな理由はわからないが、あの頃、訪問看護の世界では、重度の障害がある子のケアはまったく未知の領域だったことも、関係していたのかもしれない。

何人も訪問看護の担当者が代わる中、三人目か四人目の看護師として訪問看護に来るようになったのが、中本さおり看護師だ。まだステップ♪キッズは誕生しておらず、中本看護師は、近くの訪問看護ステーションから派遣されてきた。

中本看護師は、ほかの看護師とは違っていた。まず、お母さんの質問に明解に答えてくれる。自信がなさそうに、頼りなさそうに答えられると、お母さんも不安になるが、はっきりテキパキ答えてもらえると、それだけで安心できた。その上、「私がいる間に、買い物とか行ってもらっていいですよ」と言ってくれた。

お母さんはそれまで、訪問看護師がれいかちゃんをケアする様子を、ただじっと傍らで見ていた。居宅介護の苦い経験もあり、どこかに出かけたり、用事を済ませたりすることはない。ただケアの様子を見守り、看護師に聞かれることに答えるだけ。だから、それ以外のことをやってもらおうとも、やろうとも思わなかった。

それに、訪問看護は、自宅というプライベートな空間に、他人が上がりこんで来るのと同じことだ。訪問看護師に何を頼んでいいか、どこまで求めていいか、すごく戸惑った。だから中本看護師の「買い物に行っていいですよ」の言葉は意外だった。

でも、そんなやりとりを続けるうち、少しずつだが、お母さんと中本看護師との距離は縮まっていった。やがて、れいかちゃんのこと、毎日のケアのこと、日常生活のこと、いろいろなことを聞けるようになった。居宅介護のときに感じたような「イヤな気持ち」はぜんぜん感じなかった。訪問サービスにもいろいろあるんだ、とお母さんは思った。

できないことはない

れいかちゃんの通う小学校は、五年生の子どもたちが、一泊二日の「集団宿泊学習」に出かけるのが通例だった。五年生になったれいかちゃんも、その行事に参加することになった。でも、自宅から二時間も離れた場所にお泊まりするのは、人工呼吸器が必要なれいかちゃんにとっては容易なことではない。しかも、お母さんは同行しないと決めていた。子どもたちの学校行事に、どうして親が参加するの?という考えからだ。

そこで、用意だけは周到に行った。お母さんは、集団宿泊学習が行われる現地に下見に行き、宿泊する部屋のコンセントの位置や移動方法などを確かめた。人工呼吸器は電源がないと使えない。だから、コンセントの位置は重要だ。

何かあったときのために、現地の病院にも連絡しておくことにした。島津医師に紹介状を書いてもらい、話を通した。

このとき、すごく頼りになったのが、医療機器メーカーの担当者さんだった。とても熱心な人で、集団宿泊学習のときも、酸素ボンベをお母さんが宿泊先まで持っていく、という話をしていたら、「お母さんは来なくてよかです。自分が届けますから」と申し出てくれた。

いろんな人が少しずつ手を差し伸べてくれて、れいかちゃんの集団宿泊学習は実現した。あとで先生に話を聞くと、その一泊二日の旅は「ものすごく楽しかった」らしい。気管切開して人工呼吸器をつけていたれいかちゃんは、声が出なかった。でも、呼吸器の空気の音が「声」に聞こえたのか、「れいかちゃんが話した！」と子どもたちからワアッと歓声が上がった。その夜はとてもにぎやかだったと、先生は話してくれた。みんなといっしょに海に入ることもできた。友だち同士の忘れられない思い出ができた。

病気の怖さより思い出

その年の夏。れいかちゃんとの別れは突然やってきた。お盆にみんなでおばあちゃんちに帰省しようとした矢先、れいかちゃんの呼吸がおかしくなった。お母さんは慌てた。

「ママ！　救急車に電話した?!」とゆうせい君が叫ぶ。

「あっ、してない！　すぐにする！」

「ぼくが外に出て、救急車を呼んで来るね！」

必死に蘇生させながら、救急車で熊本再春荘病院まで運んでもらった。いつもいるはずの島津医師は、このときばかりはお盆で福岡の実家に帰省している途中だった。連絡を受けた島津医師は、すぐさま病院に引き返し、別の医師とともに懸命に蘇生に取り組んだ。

でも、れいかちゃんの呼吸は戻ってこない。短くて、長い時間が経った。

「ありがとうございました。もう……いいです……」

一一歳とちょっと。れいかちゃんは、永い眠りについた。

れいかちゃんはそれまでにも、何度か危険な状態に陥ったことがある。元気な子どもなら一日寝れば治るような風邪も、れいかちゃんにとっては命取りだ。そのリスクを避けるには、人とふれあうことを極力控えて、部屋に閉じこもり、無菌室のような状態で過ごすしかない。

でもお母さんは、そんなことはれいかちゃんのためにならない、と思っていた。家族みんなで暮らしていると、誰かが外から風邪をもらってきて、一家にうつしてしまうこともしばしば。学校に通えば、友だちからいろんな菌をもらう可能性が高まる。そのたびに、れいかちゃんの健康が心配になる。だけど、それよりもっと大切なことがあると思っていた。れいかちゃんが、たくさんの思い出をつくること。みんなのそばで、笑って泣いて、楽しむこと。その経験ができるのなら、風邪をもらってくるくらい、大したことではない、とお母さんは考えていた。

障害がある子がいると、そのきょうだいたちは寂しい思いをし、不登校や引きこもりになる子もいる。でも、れいかちゃんの弟、ゆうせい君は、「お姉ちゃんがいなかったら…」と言ったことは一度もない。だからといって、すごい人格者だったわけでもない。極めて「ふつう」の子だとお母さんは言う。

ゆうせい君が二、三歳のとき、お母さんは、れいかちゃんとゆうせい君の二人を家に置いて、近所に回覧板を届けに行ったことがある。自宅に帰ってくると、ゆうせい君がれいかちゃんのベッドに上がり、お姉ちゃんの手を自分で伸ばし、それを腕枕にして横になっていた。「ゆうせいは心細かったんでしょうね。だからお姉ちゃんを頼って、お姉ちゃんのそばにいたかったんでしょう」

れいかちゃんが亡くなったあと、ゆうせい君は、「お姉ちゃんといっしょに行った場所にもう一度行きたい」、と両親にお願いした。それからしばらく九州各地を巡った。れいかちゃんの思い出とともに。

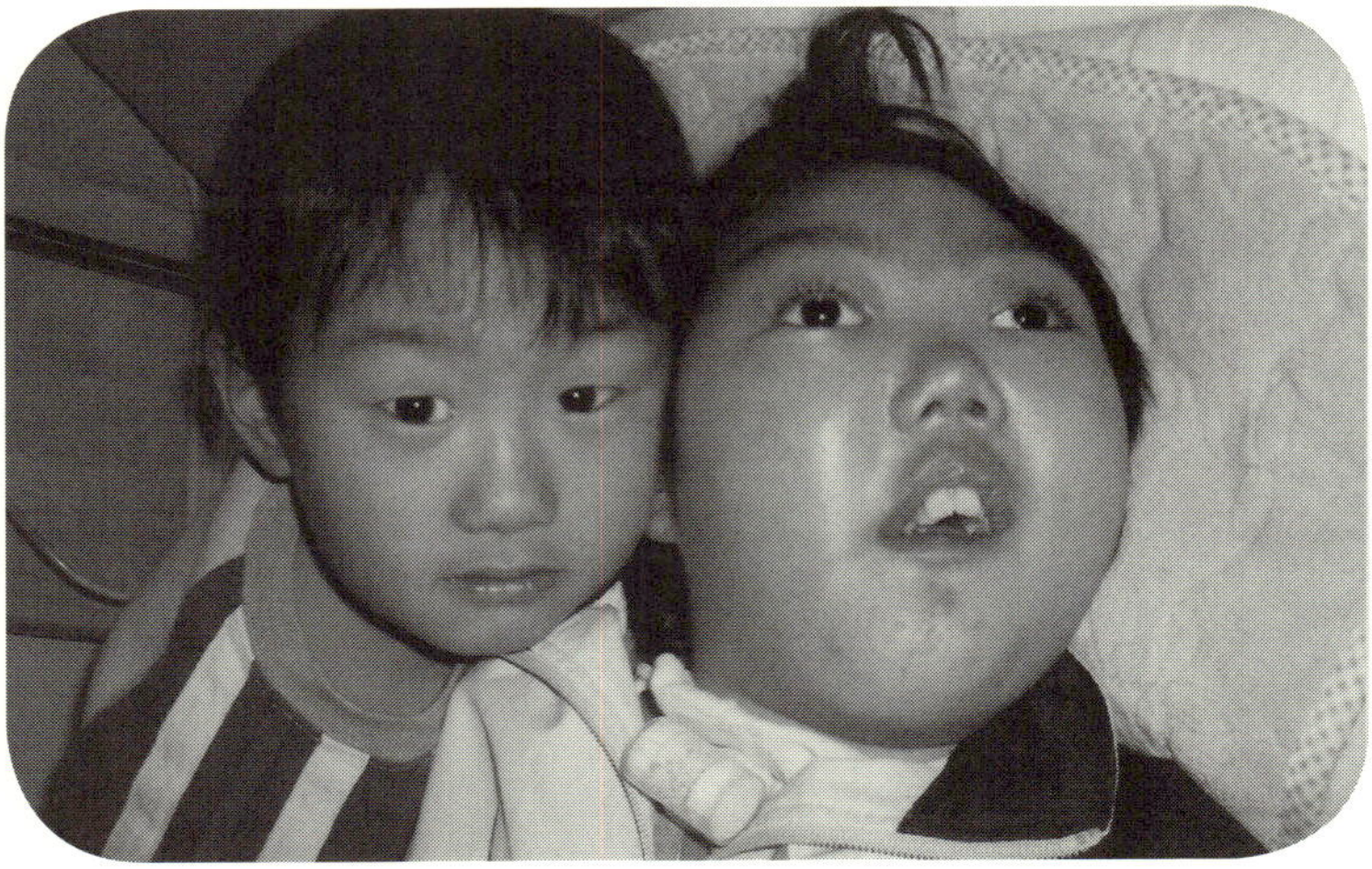
れいかちゃんとゆうせいくん

もしも小児の訪問看護があったなら

ステップ♪キッズの小児訪問看護が本格的にスタートを切ったのは、れいかちゃんが亡くなって三年経ったころだ。もしもれいかちゃんが生きている間に小児の訪問看護があったら、という質問に対し、お母さんはこう答えた。

「すべてが変わっていたでしょうね。私のころは、訪問看護師さんが普通に母親の悩みを聞いてくれることなんてなかった。在宅での暮らしのこと、医療のこと、精神的なこと。そういう話を聞いてもらえるだけでも、すごく助かりますから」

お母さんはいまでも、れいかちゃんの命日にお線香を上げにくる島津医師に、「もうちょっと早くステップ♪キッズをつくってくれてたら、良かったのにねぇ」と意地悪く言う。その言葉の裏には、「ステップ♪キッズを利用できるいまのお母さんたち、羨ましいな」という気持ちがある。いろいろな人に支えられ、れいかちゃんはいっぱい思い出をつくることができたが、小児の訪問看護の手があったら、もっと心にゆとりができたかもしれない、という思いがどこかにある。「選択肢があるって、いいですよね」、お母さんはそう言って微笑む。

お母さんは、れいかちゃんの同級生たちに、何かお祝いごとがあるたびに呼ばれる。例えば、この前は謝恩会。学校の先生といっしょにお呼ばれし、れいかちゃんの代わりに席に加わる。「成人式の日には、着物を着てみんなうちに来るそうですよ」

福祉の道に進むと決めた子は、保育園のころかられいかちゃんと大の仲良し。れいかちゃんはその子がすごく好きだったし、その子もれいかちゃんが大好きだ。ある日その子が、お母さんに「おばさん、れいかちゃんのことをもう一回知りたいから、今度話を聞きに行っていい？　福祉の道に行くためにレポートを書くんだけど、れいかちゃんのことを書きたいから」と言った。

ずっとずっと続く、子ども同士の絆。それはれいかちゃんにとっても宝物だし、れいかちゃんと過ごした子どもたちにとっても宝物だ。たぶんこれからも、その宝物は、みんなの中でキラキラと輝き続ける。

Smile 2

ステップ♪キッズができた理由

障害のある子は看護できない？

島津智之
Shimazu Tomoyuki

「人工呼吸器のついた子どもは怖いので……」

「気管切開した子のお風呂は……」

「子どもは受けたことがないので……」

一〇年前、障害がある子のお母さんたちが、子どもの訪問看護を頼もうと思って「訪問看護ステーション」に問い合わせると、こう回答されることがほとんどでした。

訪問看護ステーションとは、病気や障害がある人が、自宅でその人らしく暮らせるよう、看護師を派遣し、さまざまなケアを行う事業所です。具体的には、自宅まで訪問看護師を派遣し、病状のチェック、体の清潔を保つための入浴介助、家族の相談対応などを行い、本人や家族の在宅生活をサポートします。

ところが日本では、「訪問看護といえば高齢者向けのサービス」という考え方が、いまでも一般的です。少し前までは、子どもを訪問看護でケアする、という発想すらありませんでした。障害がある子の世話や介護は親がするもの、という日本的な観念も関係していたと思います。だから、家族からの訪問看護の依頼は少なく、依頼しても「子どもは受けたことがないので無理です」という答えが返ってきていたのでしょう。それも無理はないかもしれません。日本で訪問看護が本格的にスタートしたのは、一九九一年のこと。「老人保健法」によって定められたのを機に、全国に普及していきました。つまり、スタートした当初から、高齢者をケアするのが、訪問看護の役割だったのです。

その後、小児を含むすべての人に訪問看護を提供できるようになったのは、一九九四年のこと。広がりをみせるのは二〇一〇年あたりからと、つい最近になってからです。

家族から笑顔が消えていく

では、重い障害のある子どもたちは、これまでどうやって在宅生活を送ってきたのか。ほとんどの場合、家族の力だけで介護がなされてきました。両親は、痰の吸引や栄養注入、異常を知らせる人工呼吸器や血液中の酸素濃度を測る機械の音によって、寝る時間もほとんどとれず、心身ともにボロボロになり、本当にぎりぎりの状態で生活していました。それによって、在宅家族の暮らしに問題やひずみが出ていたことは、知られているようで、あまり知られていません。

家庭に新しい命が誕生すると、みんなに笑顔が増え、幸せがさらに増していきます。しかし、障害がある子の場合には、そうならないケースもあります。さらに、障害がある子に弟や妹ができると、家族から余裕がなくなり、笑顔が消えることがあるのです。

親は障害がある子の世話にかかりきりで、毎日毎日ゆとりがありません。介護で疲れ切ったお母さんがお父さんにつらさをぶつけ、夫婦関係がぎくしゃくすることもよくあります。そんな様子を見て育った弟や妹が、どうなっていくか。もちろん、明るくて素直に育つ子もいます。でも、両親にかまってもらえない寂しさや孤独に耐えられなくなり、不登校や引きこもりになる子も少なくないのです。

どんな子だって、幸せになる権利があるのに

小中学生時代の私の夢は「学校の先生になること」でした。夢というと大げさかもしれませんが、子どもに関わる仕事に就きたいと思っていました。ちょうどその頃、母の死を経験し、医者という職業にも興味をもちはじめました。教師＋医師＝小児科、このように考えたのかはっきりと覚えていないのですが、小児科医になると学校の先生のような仕事もできるのではないかと思い、熊本大学の医学部を受験。医療の道に足を踏み入れました。でも大学の最初の二年間は、テニスに明け暮れる日々。テニスをしては女の子と合コンするといった、大学生にありがちな遊んでばかりの毎日でした。

そんな人生を変えたのは、あるＮＰＯが主催した国際ワークキャンプです。国際ワークキャンプは、二〜三週間のプログラムで、国籍も文化も違う世界中の若者がキャンプ開催地に現地集合で集まり、共同生活を送りながら、昼間は地域の方々とボランティア作業、夜は同じ釜の飯を食べ、同じ時間を過ごしました。寝食をともにするうち、お互いの違いを乗り越え、どんどん絆が深まっていくのがわ

かりました。おかげで、世界中に同年代の友だちができました。

その頃から、NPOの活動に積極的に参画するようになりました。その中で出会う大人たちは、年齢も職業もバラバラでしたが、共通して「魅力的な大人」でした。メンバーの七、八割は女性。彼女たちは、合コンの席で見かける着飾った女の子たちより、ずっとステキでした（笑）。出会いとつながりが人を変えることを知った私は、大学や職業の枠を超えて、もっと大きなネットワークをつくる必要性を感じていました。そして大学六年のとき、二〇〇〇年に立ち上げたのが、ネクステップです。

もともとネクステップは、医療や福祉をテーマにした団体ではありません。人と人との出会いやつながりをきっかけに、自分を磨き、一歩踏み出すきっかけをつかもうというのが基本的な姿勢です。当初は、異業種交流会やインターンシップの企画などを行っていました。その後、医師国家試験に合格し、小児医療の現場に出た私は、サポートのない厳しい状況の中で、疲れ果てながら障害がある子の世話をする家族と、必死で生きる障害児たちの現実を知ったのです。

家族の心に寄り添う訪問看護を

当時の訪問看護が高齢者中心とはいえ、小児の家庭にまったく行っていなかったわけではありません。少数ではありますが、障害児の家庭に入っていた訪問看護師たちもいました。

しかし当時、家族からはこんな声がもれていました。

「訪問看護って、お風呂に入れてくれるだけでしょ」

「訪問看護師さんに、子どものことをいろいろ質問しても……」

訪問看護師とは、単に血圧や体温などを測り、子どもをお風呂に入れ、それが終わったらさっさと帰ってしまう人だと、家族は受けとめていたのです。家族と訪問看護師が信頼関係を築けていないことが原因でした。

家族は毎日、さまざまな出来事に遭遇します。急に熱が出た、吐いた、泣きやまない、けいれんが起こったなど。こんなとき、その症状にどう対処したらいいのか相談できる人が身近にいないと、混乱してパニックになります。それが家族から気持ちのゆとりを奪い、笑顔を奪っていきます。

家族は、医療のプロである訪問看護師が自宅に来ると、医療的な質問や相談をしたいのです。ただお風呂に入れてほしい、体温や血圧を測ってほしいのではないのです。しかし、看護師がそれに応えられなかったり、あいまいな回答をすると、いつまで経っても信頼関係が築かれないのです。

その結果、家族は誰にもどこにも相談できず、自分たちだけで悩み、困り果てます。

「頓服の薬をどのタイミングで入れたらいいですか」

「栄養注入の時間が遅れているのですが、どうしたらいいですか」

「子どもの呼吸がおかしい。救急車を呼んだほうがいいですか」

家族が聞きたいのは、こうしたことなのです。重度の障害がある子は、普段の生活の中でたびたび容態が悪化します。呼吸が著しく弱くなることもよくあります。病院にいれば、緊急処置が必要かどうか、看護師や医師がすぐに判断できますが、在宅だと、その判断をするのは家族です。「呼吸がおかしかったら救急車を呼ぶのが当然ではないか」と思うかもしれませんが、一日の中で何度も容態が急変する様子を目の当たりにしてきた家族は、どれほどひどい状態になったら救急車を呼ばなければならないか、判断に迷うのです。

不安を抱えたまま、在宅生活を送る家族。その家族を支えるサポート体制は、ほとんど整備されていませんでした。「家族の不安に寄り添える訪問看護ステーションが必要だ」。そう強く感じました。

「ようやく母親になれた気がする」

そんなときに出会ったのが、れいかちゃんでした。れいかちゃんとの初対面は、私が小児科医になって五年目のときです。新米医師だった私が、小児の救急医療や新生児・未熟児の医療を一通り経験し、子どもたちの病気を治すためにようやく力を尽くせるようになった頃です。

当時の私は、半年から一年周期で病院の転勤を繰り返し、子どもたち一人ひとりと長くじっくり向きあう機会がありませんでした。でも、熊本再春荘病院に来てからは、それができるようになりました。

反面、進行性の病気や治らない病気を抱える子どもたちやその家族と関わるうち、「病気を治せない自分に、どんな役割があるのだろう」と悩むようになりました。

れいかちゃんとそのご家族に出会ったタイミングは、悩みながらも、子どもたちの在宅生活を支えたい、家族の負担をもっと減らしたいと思い始めた時期でした。子どもの訪問看護はこれでいいのか、もっと医師と訪問看護が連携できないか。そう自問自答する毎日が続きました。少しは習ったはずの在宅医療について、何も覚えていないのは、学生時代に遊んでいた付けがまわってきたからだと思っていました。最近になって、在宅医療の講義そのものが二〇年前にはなかったことを知ったのですが（笑）、当時は、何から取り組んでいいのかもわからない状態でした。

そんな私に、「在宅生活って、こういうことだよ」と教えてくれたのは、れいかちゃんをはじめ障害がある子どもたちと、そのご家族でした。

その頃、こんな出来事がありました。NICU（新生児集中治療室）に一年以上入院していた子どもが、自宅で在宅生活を始めてわずか一週間で亡くなったことがありました。私は「もっとできることがあったのではないか……」と後悔の念でいっぱいでしたが、お母さんからは思ってもみない言葉をかけられました。

「たとえ短い間でも、家に帰れて本当によかった。NICUにいる一年間、子どもに面会に行くのもつらかった。だんだん足が遠のいて、もう自分が母親であることも実感できなくなってきていました。

だけど、自宅で過ごしたこの一週間、私はようやく母親になれた気がします」
自分の家で、自分の子どもといっしょに暮らす。この当たり前が、家族の絆を深めていく。そんな在宅生活の意義とかけがえのなさに、改めて気づかされました。

自宅に帰れるように

さらに私の背中を押してくれたのが、つかさ君という男の子です。つかさ君は自宅のお風呂でおぼれ、心肺停止状態となり、救急病院で一命を取りとめたお子さんでした。寝たきりでごはんも口から食べられないので、チューブで栄養注入していました。また、自分で呼吸することができず、気管切開をして二四時間人工呼吸器がついている状態でした。

でも家族は、つかさ君を、生まれ育った自宅に連れて帰りたいと強く願っていました。そこで私は、熊本再春荘病院で第一例目となる「在宅移行支援」に取り組んだのです。

在宅移行支援とは、重度の障害がある子たちがNICU（新生児集中治療室）やPICU（小児集中治療室）を退院する前に、中間移行施設に移り、親や家族が在宅生活に必要なケアのノウハウを身につけ、さまざまな専門職や関係者と連携がとれるよう体制を整える仕組みです。いわば「在宅生活の準備期間」です。詳しくはSMILE4（82ページ〜）で説明しますが、NICUを退院してすぐに帰宅するのではなく、病院での在宅移行支援を間にはさむことで、痰の吸引や栄養注入の技術を家族が覚えることができ、在宅に向けての心構えができます。

家族の思いに応える形でスタートさせた在宅移行支援でしたが、私としても初めての経験で、看護師らスタッフと話し合いながら、手探りで進めていきました。どのくらいの期間が適切かもわからなかったので、結局、一年半もの時間を費やしてしまいました。

ともあれ、つかさ君は、在宅移行支援の期間を終え、家族といっしょに退院し、在宅生活へと入りました。お母さんはとても不安だったと思いますが、退院後はどんどんたくましくなり、のちに弟も生まれ、兄弟二人を一生懸命育てていました。

つかさ君の家には、退院直後から訪問看護師が入り、定期的な訪問看護と病院への入院をうまく組み合わせる形で、つかさ君の在宅生活をサポートしました。病院サイドの医師や看護師と、在宅サイドの訪問看護スタッフが情報を共有し、連携しながらサポートできることを体験し、「病院が訪問看護と連携できると、子どもたちと家族の生活はより安定したものになる」ということを実感しました。

つかさ君は一年以上を在宅で生活することができましたが、やがて腎不全となって再入院。治療による効果もほとんどみられず、残された時間もあと数日という状態になりました。

「最期の時を病院で迎えますか、自宅に連れて帰りますか」

私はご家族に、そのような話をしたのを覚えています。家族は「家に連れて帰りたい」という最終的な判断をし、つかさ君は自宅に戻ることになりました。

時間はあまり残されていませんでした。しかし、そのときはまだ、何をしたらつかさ君をおうちへと戻してあげられるのか、自宅での看取りをかなえるために何が必要なのか、私はよくわかっていなかったのです。とにかく、ご家族、訪問看護師、病院の関係者らが一堂に集まり、自宅に帰るための話し合いを行うことになりました。しかし、そのカンファレンスの開始の時間に合わせるかのように、つかさ君はみんなに囲まれて病院で息を引き取ったのです。

もっと経験と体制があったら……。自分の力不足を痛感しました。

夢の実現に向けて

つかさ君のお通夜。担当していた看護師と会いました。れいかちゃんの訪問看護も担当していた看護師でした。お通夜の席で、私は彼女に「小児の訪問看護ステーションをつくりたいと思っています。協力していただけませんか」というようなことを話しました。するとその看護師は「自分でよかったら、協力します」と言ってくれたのです。

その看護師こそ、訪問看護ステーション「ステップ♪キッズ」の管理者、中本さおり看護師です。

中本看護師の賛同によって、子どもたちのための訪問看護ステーションをつくるという夢が、現実に動き始めたのです。とはいえ、当時の私に、訪問看護ステーションを立ち上げた経験などありません。病院の仕事をしながらの準備は困難を極めました。最初は何をやっていいのかわからず、いろいろな人に相談しました。でも決まって、こう言われるのです。

「熊本で小児に特化した訪問看護なんて、経営的に成り立たない。難しいと思う」。訪問看護を必要とする高齢者ならたくさんいるが、小児なんて絶対数が限られている、ということだったのでしょう。県庁に相談に行くと、高齢者支援総室という部署にまわされ、「子ども専門は前例がありません。介護保険の申請をしないと訪問看護ステーションは設立できませんよ」と言われる始末。当時は本当に何も知りませんでした。

でも、ニーズは必ずあるはずだと、直感にも近い確信をもっていました。それに、NPO活動を通して知り合った企業経営者の方々が、「全力で応援するよ」「何でも協力するから言って」と温かい励ましの言葉をかけてくれたのです。言葉だけでなく、本当に車を寄贈してくださったり、事務所を貸してくださったり、一人の力では実現できないことが、多くの方々の協力によって現実になっていきました。人と人のつながりの温かさに、胸がいっぱいになったことが何度もありました。

一方で、訪問看護ステーションの経営について、必死に勉強していきました。勉強すればするほど、多くの疑問が湧きました。

「訪問看護は、子どもたちの在宅生活を支えるカギなのに、こんなにも利用率が低いのはなぜだろう」。日本小児科学会倫理委員会の二〇〇七年の報告によると、重症心身障害児のわずか一八％しか訪問看護を利用していなかったのです。これは、訪問看護ステーションが子どもを断るという問題だけでなく、病院や医療関係者が、子どもの在宅医療や訪問看護についてよく知らないからではないか、と感じるようになりました。

私は、訪問看護ステーションの立ち上げを前に、いくつかのＮＩＣＵのある病院などを訪ね、医師や看護師に対して「子どもたちのための訪問看護ステーション」の説明をする機会を設けてもらいました。はじめのうちは、反応はあまりよくなかったと記憶しています。かつての自分と同じように、医療の最前線にいる人たちにとって、在宅や訪問看護は、具体的なイメージをもちにくいものだったのでしょう。

しかし私は、子どもの在宅生活にはさまざまな専門職が関わるからこそ、お互いの共通認識が不可欠であること、そのキーとなるのが訪問看護ステーションであることを繰り返し伝えました。すぐに効果は出ませんでしたが、半年、一年と経つうちに、じわじわと浸透していったように思います。

子どものための訪問看護ステーション、誕生

最後の最後まで難航したのが、スタッフの確保でした。訪問看護ステーションを設立するためには、

常勤のスタッフ換算で最低二・五人いることが条件でした。中本看護師は確定していましたが、あとの一・五人がなかなか見つかりませんでした。

子どもの訪問看護に重要性を感じ、興味を示してくれる看護師はいました。しかし、脈がありそうだと思った人にさえもことごとく断られました。理由は「家族が反対しているから」など。本人はやる気満々なのですが、家族から「そんな不安定な職場に勤めるなんて反対」と言われ、泣く泣くあきらめた方が何人もいました。

私は不安を隠し、看護師免許をもっている人があそこにいると聞いては、すぐにアポイントをとり、「子どもたちのためにいっしょにがんばりませんか」と呼びかけていきました。

そして設立予定日の二か月前、ようやく三人目のスタッフが見つかったのです。訪問看護ステーション設立申請の書類提出期限が、もう目の前まで迫っていた時期でした。中本看護師以外は、訪問看護の経験がまったくないスタッフでしたが、「やりたい」という気持ちだけで、訪問看護ステーションの立ち上げに力を貸してくれました。本当に感謝しています。

訪問看護ステーションは「ステップ♪キッズ」と命名しました。運営母体であるNPO法人ネクステップの「ステップ」と、子どもたちの「キッズ」を掛け合わせた言葉です。こうして二〇〇九年、ステップ♪キッズは、子どもたちのための訪問看護ステーションとしてスタートを切ったのです。

子どもたちに導かれて

ステップ♪キッズ管理者　看護師

中本さおり

Nakamoto Saori

私と島津先生が出会ったのは、れいかちゃんの担当になったことがきっかけです。主治医である島津先生に、訪問看護に入っている私が在宅での様子を報告したりしていました。そのときは、れいかちゃんをサポートする看護師であって、個人的に話をする機会はありませんでした。きちんと話をしたことはほとんどなかったと記憶しています。

つかさ君のお通夜の席で、島津先生は私にこう話しかけてこられました。「小児専門の訪問看護をつくりたいので、協力してほしい」。でもそのときは、手伝うくらいにしか思っていませんでしたし、管理者になるなんて考えもしませんでした。

私はもともと、病院の看護師でした。祖父の介護のことや、当時の受け持ちだった患者さんが「うちに帰りたい」とよく言っていたこともあり、訪問看護に興味をもちました。

二六歳のときに、訪問看護ステーションに勤務を始めました。そのときの訪問看護ステーションは、小児の訪問看護にも行っていました。ほとんどが成人のターミナル期や高齢者でしたから、子どもの訪問には癒されていました。部屋中に新聞紙をひいて、シャボン玉だらけにしたりと、楽しい思い出がいくつもあります。

だから熊本に転居して新しい職場で訪問看護を始めるとき、「高齢者だけでなく、子どもにも関わりたいです」と管理者に話しました。その関係で、障害がある子の訪問看護も担当していたわけです。島津先生に誘われたとき、何の抵抗もなく「やってみようかな」と思ったのは、そんな背景があったからです。

ステップ♪キッズの立ち上げで一番大変だったのは、設立の手続きです。忙しい島津先生に代わって、何回法務局に行ったかしれません。半年間で七キロくらいやせました。でも不思議と「やっぱりやめよう」という気は起こりませんでした。一度やると決めたら、途中でやめるとは言えない性格だからでしょうね（笑）。

最初の理解者になりたいから

ステップ♪キッズが担当するのは、立ち上げ当初から、重症心身障害児、超重症児と呼ばれる子どもたちです。私は、この呼び名は、どれだけ介護や医療の手間がかかるかをわからせるために付けられた俗名だと思っています。言ってみれば記号のようなもので、上っ面の情報でしかないと思っています。

重症心身障害児とひとくくりにされる子どもたちですが、必要なケアはもちろん、好きなもの、好きな音楽、好きな遊びは一人ひとり違います。ほとんどの子はおしゃべりができませんが、もしおしゃべりできたら「○○ちゃんといっしょにしないでよ！　わたしとは、ここもここも違うじゃない！」って、子どもたちは怒るんじゃないかな。

私の仕事は、そんな子どもたちのお宅に訪問し、看護師として医療に関するケアを行ったり、子どもたちと遊んだり、お母さんの相談にのったりすることです。仕事と呼ばないほうがいいかもしれません。ステップ♪キッズには、訪問看護を仕事だと割り切っているスタッフは一人もいないからです。子どもたちも、そのご家族も、みんな自分のファミリーのように思っています。仕事というより、生活の一部なのです。

関わっている子どもたちは、生まれてからずっと、二重の意味で「息のしにくい環境」にいます。一つは、実際の呼吸のしづらさ。人工呼吸器や気管切開がないと生きていけない子どもたちには、さまざま場面で暮らしに困難を伴います。お風呂に入るときも、出かけるときも、いつも人工呼吸器や酸素、吸引器をそばに置いておかなければならないからです。

もう一つは、支える人が少ないこと。ご両親やきょうだい、家族は愛情をもってその子に関わりますが、その家族をサポートする手が足りないのです。理解者や協力者が少数精鋭では、生活は成り立ちません。たくさんの人の手がなければ、生きづらくて生きづらくて、やりきれないのです。

子どもたちを産んだお母さんたちは、すごくつらい経験をたくさんします。ただでさえお母さん一年生なのに、いきなり子どもの障害と向きあい、時には短命であることを突きつけられます。これから何が起こって、どんな助けが必要で、何を助けてほしいと叫べばいいのか、それすらわからないのです。だから、まわりの人たちも、どこに手を貸してあげればいいのかわからない。お互いの「わからない」が、理解者や協力者の手をはばんでいます。

そんなとき、最初の理解者になれるのが、訪問看護師だと思っています。子どもたちは〝医療の温室〟であるＮＩＣＵや病院から退院し、自宅へと戻っていきます。このとき、子どもたちやその家族の気持ちを理解し、協力を申し出ることができるのが、自宅にお邪魔して家族と関わることのできる訪問看護師なのです。

必要なことは、子どもたちが教えてくれる

ところが困ったことに、障害がある子の訪問看護は、小児科でまとまった経験を積んだ看護師以外、できない、と思われがちです。結論から言えば、小児科の経験がなくても、子どもたちの訪問看護はできます。私自身、小児科の看護師だったことはありません。でもいま、生きがいとやりがいと責任をもって仕事をしています。

「でもやっぱり経験がないから……」と二の足を踏む看護師や関係者もいるでしょう。でも、考えてみてください。経験がないからという理由で、訪問看護を断られた家庭は、家族だけで何もかもをがんばらなくてはなりません。それこそ、疲れきって倒れるまで。その状況が、さらに息のしにくさ、生きづらさを生みます。最悪の場合、ほかのきょうだいや家族にしわ寄せが行き、家庭の中がギスギスします。生活にも余裕がありません。第一子が障害児のため、第二子を産むことをあきらめている家庭もいっぱいあります。だって、毎日ぎりぎりの生活をしているのですから。

訪問看護師は、そんな家族に寄り添い、子どものいまの状態から成長までを、お母さんやお父さんといっしょに考えていける「良きパートナー」ではないでしょうか。家族だけで抱え込まない、息のできる環境をつくるためにも、訪問看護師の役割は、ものすごく大きいと思います。

必要な医療ケアは、子どもたちが教えてくれます。本を読んで小児のことを勉強しなくても、どこかでまとまった経験を積まなくても大丈夫です。毎日のように子どもたちと向きあい、会話するように関わっていると、その子の体の変調や状態の変化がわかるようになります。

同時に、お母さんたちの気持ちもわかります。訪問看護に関する本はたくさん出ていますが、技術的なことは書かれていても、お母さんや家族のリアルな気持ちまで書かれてはいません。

現場こそ最良の教科書。私はそう思っています。子どもたちや家族のために、私たち看護師は何をしなければならないか。その答えは、いつだって現場の中にあります。

いっしょに人生の一ページを刻む仕事

ステップ♪キッズを見学に訪れる人たちは、私たちスタッフの様子を見て、「なんでそんなに楽しそうなの？」と聞きます。重苦しくて、暗くて、どんよりしているのが、障害児の看護現場。そんなイメージがあるからでしょう。だから、「アハハハ！」という笑い声を響かせる訪問看護が、自分たちの想像していた世界と違っておどろくみたいです。

子どもの訪問看護は楽しい！　私はそう思っています。その楽しさについては、ＳＭＩＬＥ４（99ページ〜）でまたお話ししますが、とにかく、月曜日が憂鬱ではない（笑）。世間の働く人たちは、休みが終わって月曜日が来ると「また仕事か…」と憂鬱になりますよね。でも、訪問看護の仕事を始めて、それがなくなりました。子どもたちに会えるのが、すごく楽しみ。これは私だけでなく、ほかのスタッフもそうだと思います。

訪問看護でご自宅にうかがい、子どもたちや家族と、人生の一ページを刻んでいく。これって、すごい仕事だと思いませんか。私は、いっしょになって歩んでいくこの一体感が、とても好きです。

Smile 3

やっと笑えた

おひさまのような笑顔

緑いっぱいの団地の中庭から、アハハハ！と大きな笑い声がする。「なっちゃん、気持ちいいね～。お風呂入って、あとは寝るだけよね～」。お母さんがそう言うと、八歳のなっちゃんが顔いっぱいでニコ～ッと笑う。そして目がキランと光る。

大きく開け放たれた、中庭に続く掃き出し窓。ここが西田家の〝玄関〟だ。本当の玄関は、ちょっとした荷物置き場になっている。「だって、こっちの窓のほうが、出入りしやすいですもん」と言って、お母さんはまた笑う。

胎盤早期剥離で生まれてきたなちかちゃんは、生まれる直前、すでにほとんど心臓が動いていなかった。緊急の帝王切開手術をしたあと、なちかちゃんはすぐ、生まれた病院から車で二、三時間もかかる鹿児島のＮＩＣＵへ運ばれた。手術の麻酔によって眠っていたお母さんは、この世に誕生してきたなちかちゃんを一目も見ることなく、いきなり離ればなれになってしまった。

でも、本当につらかったのは、脳性まひの診断を受け、自宅に戻ってきてからの二、三年間だ。「泣いてばかりの毎日だった」。お母さんはそう振り返る。なちかちゃんを道連れに、二人でいなくなってしまおうと思ったことも何度もある。夜中、泣きやまないなちかちゃんを抱っこし、自分も涙をポロポロこぼした。なちかちゃんは、お母さんにとって初めての子ども。子育てだって初心者なのに、障害のある子をどう育てていいか、何もわからなかった。この子はどうして寝ないの？　異常な泣き声でギャーッ！と泣き続けるのはどうして？　いま考えれば、なちかちゃんはけいれんを起こしていたのだろうと想像がつくが、当時はただ呆然と、なちかちゃんを抱っこして、二人でワアワア泣くことしかできなかった。

でも、そんなお母さんはいま、団地に響き渡るような声でアハハハ！と笑う。そし

3歳のなちかちゃんと妹のここちゃん

て、お母さんが笑い始めるようになって、なちかちゃんにも笑顔が出始めた。笑うようになったのって、いつ頃からかな？とお母さんがつぶやくと、台所にいたおばあちゃんが「なっちゃんが二歳過ぎてからじゃない？」と答える。そう、それまでのなちかちゃんは、まったく笑わない子だった。涙ばかりこぼしていたお母さんは、どうやって笑顔を取り戻したのか。太陽のようなまんまるい笑顔を浮かべながら、なちかちゃんの透き通った目が「それはね」と語りかけてくる。

母と子の連絡帳

帝王切開の手術から五時間、お母さんの麻酔が切れた。目覚めてみると、わが子がいない。熊本から遠く離れた鹿児島の病院に運ばれたと言う。何がなんだかわからない。なんで自分のお腹から出て来た赤ちゃんが、私のそばにいないのだろう……。母親にしかわからない、何とも言えない感情がこみ上げてきた。

普通分娩なら、出産のあと、何時間かすれば動けるが、帝王切開はそうはいかない。傷が癒えるまで、ベッドから起き上がることはできない。抜糸がすんでようやく動けるようになり、お父さんといっしょに、開通したばかりの九州新幹線に乗って鹿児島の病院に駆けつけた。ＮＩＣＵにいるなちかちゃん。お父さんとお母さんは、病院が開いている間中、ごはんも食べずに、たくさんのチューブがつながれたなちかちゃんを、じっと見守り続けた。

夕方になって自宅に帰る時間が近づくのが、ものすごくつらかったとお母さん。わが子を病院に置いて帰らなければならないことが、身を引き裂かれるくらい悲しかった。お腹にいるとき、育児雑誌をめくって、「生まれてきたら、あんなことやるんだ、こんなことやるんだ」と夢を膨らませた。おっぱいをあげたり、抱っこしたり、あやしたりするものだと思っていた。なのに、なち

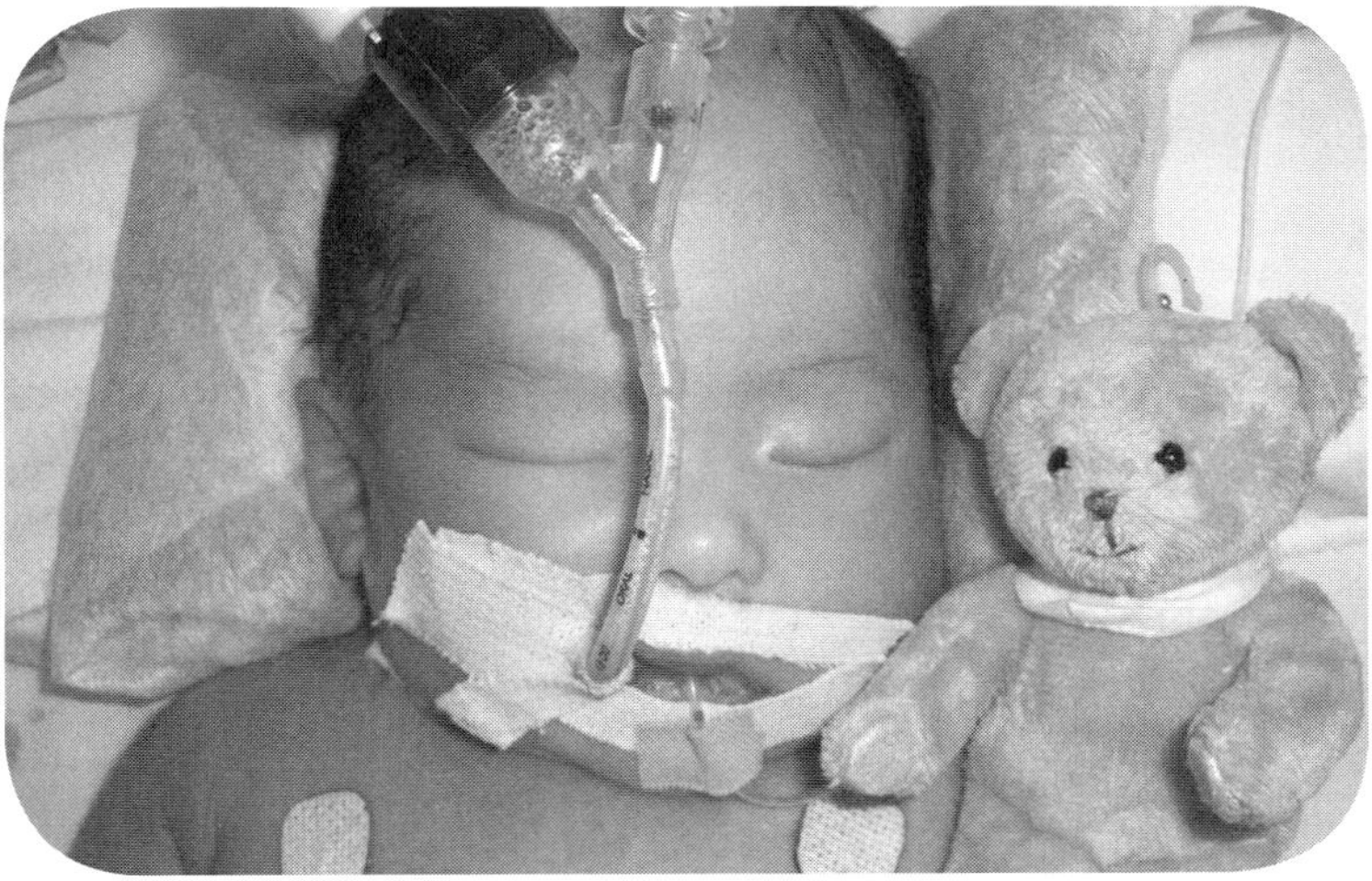

NICU入院中の頃

かちゃんは病院のベッドの上にいる。ひょいと抱っこすることも、連れて帰ることもできない。

お母さんは一か月間、パンパンに張ったおっぱいを泣きながらしぼって冷凍し、宅配便でなちかちゃんのいる鹿児島の病院に送った。たった一つの心の支えは、NICUの看護師さんがつけてくれていた、なっちゃんの連絡帳。「今日はこんなことがありました」「初めてお風呂に入りました」など、毎日こと細かになちかちゃんの様子を書き記してくれていた。お母さんはその小さな連絡帳を、何度も何度もめくっては読み返した。遠く離れた場所にいるわが子と、対話するように。

一か月が過ぎ、なちかちゃんはNICUを退院し、自宅に戻ることになった。本当なら、鹿児島の病院で退院に向けての準備をするが、「お母さん、ここまで通って来るの、大変でしょ」と、自宅のそばにある熊本の病院で退院準備ができるよう、手配してくれた。

退院準備とはつまり、在宅生活に向けてのトレーニングだ。なちかちゃんの口には、胃に栄養を注入するためのマーゲンチューブが入れられていた。そのチューブへの栄養注入の方法、お風呂の入れ方など、具体的なノウハウを親が学ぶのだ。トレーニング期間はたったの一〇日間。それが終われば「退院おめでとうございます」と笑顔で病院スタッフに見送られ、自宅に帰る。

家に帰れるのはすごくうれしかった。医療機器に囲まれたNICUでわが子をただじっと見ているのに比べれば、ずっと良かった。ようやく〝ふつう〟に戻れると思った。でも、現実は壮絶だった。

相談する人がいない

生後間もないなちかちゃんは、まだ胃ろうも気管切開もしていなかった。ケアといえば、マーゲンチューブから栄養注入するくらい。でも、たった一〇日間のトレーニングで、障害のある子を抱えた初心者ママが、在宅生活に突入することがどういうことか、お母さんは教えてくれた。

栄養注入もお風呂に入れることも、病院にいる間は全部看護師がやってくれた。しかも看護師はその道のプロ。何年もかけて、チューブの扱い方や入浴方法をマスターし、確かな技術を身につけている。一方、親は医療のプロでもなければ、子育てのプロでもない。そんな人が、わずか一〇日練習しただけの未熟な技術で、わが子の面倒を見なければならない。しかも、自宅には病院の先生

3歳の七五三

も看護師さんもいない。ナースコールをポチッと押したら自宅に飛んで来てくれる仕組みなんてないし、電話で呼んでもすぐには来てくれない。「ハイ、退院ね」という言葉とともに、荒波の中に親と子だけがポンと置き去りにされるのと同じなのだ。

なちかちゃんの世話を一人でしなければならないことは、お母さんには大きなプレッシャーだった。でもそれ以上につらかったのは「相談する人がいない」ことだった。

退院し、在宅生活に入るその日、お母さんはさっそくトラブルに見舞われた。なちかちゃんの口から、マーゲンチューブが抜けてしまったのだ。玄関を入ったとき、何かに引っかかったのかもしれない。でも、どうして抜けたのかなんてどうでもいい。そのチューブをなちかちゃんに戻さなければならない。恐る恐るチューブを入れるお母さん。ところが、母親の不安を感じ取ったのか、なちかちゃんはすごい声で泣き始めた。もうパニックだ。どうにかチューブを入れ、きちんと胃に届いているかどうかチェックするため、トレーニングで習った通りエアーを確認※しようとした。

「でもね、子どもがギャンギャン泣いているときって、エアーなんて聞こえないんですよ」とお母さんは言う。そんな状態になっても、まわりには「エアーが聞こえないときって、どうすればいいの?」と聞ける相手がいない。本当に胃に届いているのかな、もしかして、変なところにチューブが入っていたらどうしよう…。でもそれを確かめる術もない。不安が不安を呼んで、ますますパニックになる。何度も何度も、そんなことが起こった。

なちかちゃんは三歳になるまでに、胃ろうと気管切開の手術を受けている。この時もお母さんは一人で悩んだ。やったほうがいいのか、やらないほうがいいのか。でも、それを誰に聞いていいのかわからない。お父さんやおばあちゃんなど、家族はもちろん協力してくれるし、支えてもくれる。でも、手術していいかどうかといった「医療的な相談」には、きっと答えられない。まるでエアーポケット。お母さんが一番知りたいこと、一番ほしい答えが、乱気流に飲まれたようにスポンと抜けているのだ。

小児の訪問看護とはなんぞや？

お母さんが最初に訪問看護と出会ったきっかけは、病院で知り合った、障害のあるお子さんのお母さんだった。そのお子さんは、すでに三〇歳。つまりそのお母さんは、三〇年もの在宅経験

※エアーを確認…チューブを挿入したとき、誤って気管に入っていないかどうかチェックするため、チューブに空気を入れ、胃の気泡音を確認する。

をもつ障害児ママの大先輩だった。その人がお母さんに「そんなに在宅生活が大変だったら、訪問看護を使ってみたら？」とアドバイスしてくれた。

さっそくお母さんは、大先輩ママが紹介してくれた訪問看護師に来てもらった。ところがその看護師は、障害がある小さな子を見るのはほぼ初めてだという。でも、来てくれただけラッキーだった。なにしろ、小児の訪問看護なんて言葉もまだなかったし、どの訪問看護ステーションも、気管切開した子の看護は「やったことがない」「怖い」と受けてくれない状況だった。

その看護師は「がんばってみます」と言ってくれたものの、気管切開した子どものケア経験がないから、お風呂に入れることもできなければ、自分一人で見守りもできなかった。看護師になちかちゃんの世話を任せ、その間にお母さんが買い物や用事を済ませるのも当然無理。体温などのバイタルを測ったあとは、お母さんといっしょにそこにいることしかできない。「何しに来よっと？」とお母さんは思った。

なちかちゃんが三歳を迎えるころ、お母さんの中に新しい命が宿った。出産直前、なちかちゃんを療育センター※に預けた関係で、訪問看護も必要なくなり、利用を一時中断した。そのとき、地域の保健師さんからもらったのが、ステップ♪キッズのパンフレットだった。とても熱心な保健師さんで、医療機関か福祉施設の片隅に置いてあったそのパンフレットを見つけてきて、わざわざお母さんに届けてくれたのだ。

パンフレットには「小児専門の訪問看護」と書かれていた。そのころの訪問看護といえば、高齢者のお世話をするのがほとんど。小児を専門にしている訪問看護があることなんて、お母さんはぜんぜん知らなかった。でも「小児専門って書いてあるのなら、少しは私たちの力になってくれるのかなあ」とぼんやりと思った。

いずれにせよ、二番目の子が生まれたら、自分一人での子育ては無理だ。なちかちゃんだけではなく、生まれた子の世話もしなければならない。だから、少しでも専門的な知識をもった人に手伝ってほしい。そう考えていた。

お母さんは思いきって、パンフレットにある電話番号に電話をかけた。「もしもーし!」。受話器の向こうからは、元気な女の人の声が聞こえてきた。事務所ではなく、外出先で電話をとったことがわかるくらい、周囲からワイワイとした声が聞こえる。訪問看護先から携帯電話でお母さんの電話に対応しているらしかった。

「あの…パンフレットを見て電話したんですけど…」

※療育センター…障害のある子どもたちのリハビリや療育を行うほか、一時的な入所も受け付けている。

「はい！　すぐ自宅にお話を聞きに行きますね！」

声の主は、本当にすぐにやってきた。できたばかりの当時のステップ♪キッズで、数少ない看護師として飛び回っていた中本看護師だ。中本看護師は、なちかちゃんの身体の動かし方やお母さんの相談役を担ってくれた。あるとき、お父さんが疲れて帰ってきて遅くにお風呂に入れるのが大変だと聞くと、「お風呂？　うちで入れようか!!」と、快く豪快に入浴を引き受けてくれた。

お母さんはびっくりするより何より「良かった〜」と思った。

二番目の子、ここちゃんが生まれ、定期健診が始まると、お母さんはなちかちゃんを置いて病院に行かなければならなくなった。そんなときも中本看護師は、「良かよ。行っといで〜」とお母さんとここちゃんを送り出し、なちかちゃんのケアをしながら遊んでくれた。

お母さんは、もう一度思った。「良かった〜」

・͜・ 助けが必要なのは、子どもより親

お母さんがステップ♪キッズと出会ったとき、すでに「一番しんどい山を、一つ二つ越えたあと

だった」と言う。なちかちゃんの子育てを誰にも相談できず、身も心もボロボロになっていた頃、お母さんはなちかちゃんを抱いて、小児科医の池田哲雄医師のもとを毎日訪れていた。夜泣きや急な発熱などの悩みを相談できる、唯一頼れる人だった。

だいぶ経ったころ、池田医師はお母さんにこう言った。「なっちゃんの容態は『大丈夫だな』と思っていた。あの頃ぼくが診ていたのは、なっちゃんではなく、お母さんだよ。お母さんの様子が一番心配だった」

お母さんは振り返る。あの池田先生がいなかったら、私たち、どうなっていたかな……と。

子どもの在宅ケアをする家の中では、本当にいろいろなことが起こる。なちかちゃんは、脳性まひの中でも、緊張がとても強い子で、尋常ではないくらい体に力が入る。全身汗びっしょりになるくらい力が入り、体温が嘘みたいに上昇する。「本人としては、全力疾走している感じなんでしょうね」とお母さん。でも、どうすることもできない。

すぐさま池田医師に電話し「先生、三九度から熱が下がりません。どうしましょう……」と相談すると、「クーリングしなさい」と、熱を冷ます方法を一つひとつ教えてくれた。「医療の現場では『当たり前』のことでも、私たち素人にはそれがわからないんですよ」とお母さんは言う。

どうしても体の緊張がとれないときは、薬を使って緊張をリセットし、なちかちゃんを休ませる方法もある。でもお母さんは最初、「わが子に睡眠薬を注入するなんて」とひどく抵抗を感じた。飲ませるではなく、注入。胃ろうにしているなちかちゃんは、その薬を「飲みたくない」と拒否することもできないのだ。だからお母さんは、薬を注入するとき、なちかちゃんに申し訳なくてボロボロと泣いた。薬の効果でなちかちゃんの緊張がとれ、スヤスヤと眠ったあとも、罪悪感で涙が止まらなかった。

「こんなときに、話を聞いてくれる訪問看護師さんがそばにいたら、どれだけ力になっただろうね」とお母さん。ステップ♪キッズの訪問看護師が入る前、一人で孤独にがんばってきた経験があるからこそ、小児の訪問看護がどれだけお母さんたちの心の支えになるか、よくわかる。

お母さんたちをつなげてほしい

「母親って、わが子の障害を本当には受け入れられないんです。先生に何を言われても、『この子だけは違う。いつかきっと良くなる。普通の子のようにごはんを食べたり、呼吸したりできるようになる』と思っています。でも、それが当たり前だと思います」

わが子の回復を信じて疑わないお母さんには、医師の声も、ときには看護師の声すら届かない。うちの子は大丈夫、うちの子だけは例外だと。そんなとき、お母さんの心にすっと届く声を発するのが、同じ障害がある子のママたちだ。自分と同じ経験、思いをしてきたママの言葉なら、素直に受けとめることができる。

「だから、訪問看護師さんたちには、お母さんとお母さんをつなぐ役割も担ってほしいんですよ」。お母さんはそう力を込める。

お母さんが一番悩み苦しんだのは、なちかちゃんに気管切開の手術をしたときだ。小さな体にメスを入れ、気管を切開する。しかもその判断は、親に委ねられる。

お母さんは、福祉施設で障害がある子の母親に会うたびに、「どうしていらっしゃるんですか？」と片っ端から聞いてみたいと思った。でも、たまにあいさつする程度の人に「気管切開してみて、どうでした？」なんてとても聞けない。喉元まで出かかったその質問を抑えるのに必死だった。

でもあるとき、お母さんは意を決して、一人のママに声をかけた。「すみません。ちょっと話を聞かせてもらっていいでしょうか」。藁にもすがる思いだった。相手もびっくりして、「何？　この人？」と目を丸くしたが、お母さんが「実は、うちの子も気管切開の手術を考えているんです」と事情を話すと、そのママはすごく親身になって、いろいろな話を聞かせてくれた。

「先輩ママたちはやさしいんです」とお母さんはしみじみ言う。「そして強い。でもときどき怖い（笑）」。何十年も前から障害がある子と暮らしてきた母親は、医療や福祉だけでなく、世間の理解が進んでいない状況の中で、想像を絶するような苦労をしながら子育てをしてきた。軟弱な性格ではとても務まらない。怖いくらいに強くなければ、わが子を育てることはできなかった。本当に頭が下がる思い、いや、頭が上がりませんと、なちかちゃんのお母さんは話す。

そんな先輩ママはもちろん、ほかのいろいろなお母さんと接することも大事だと言う。

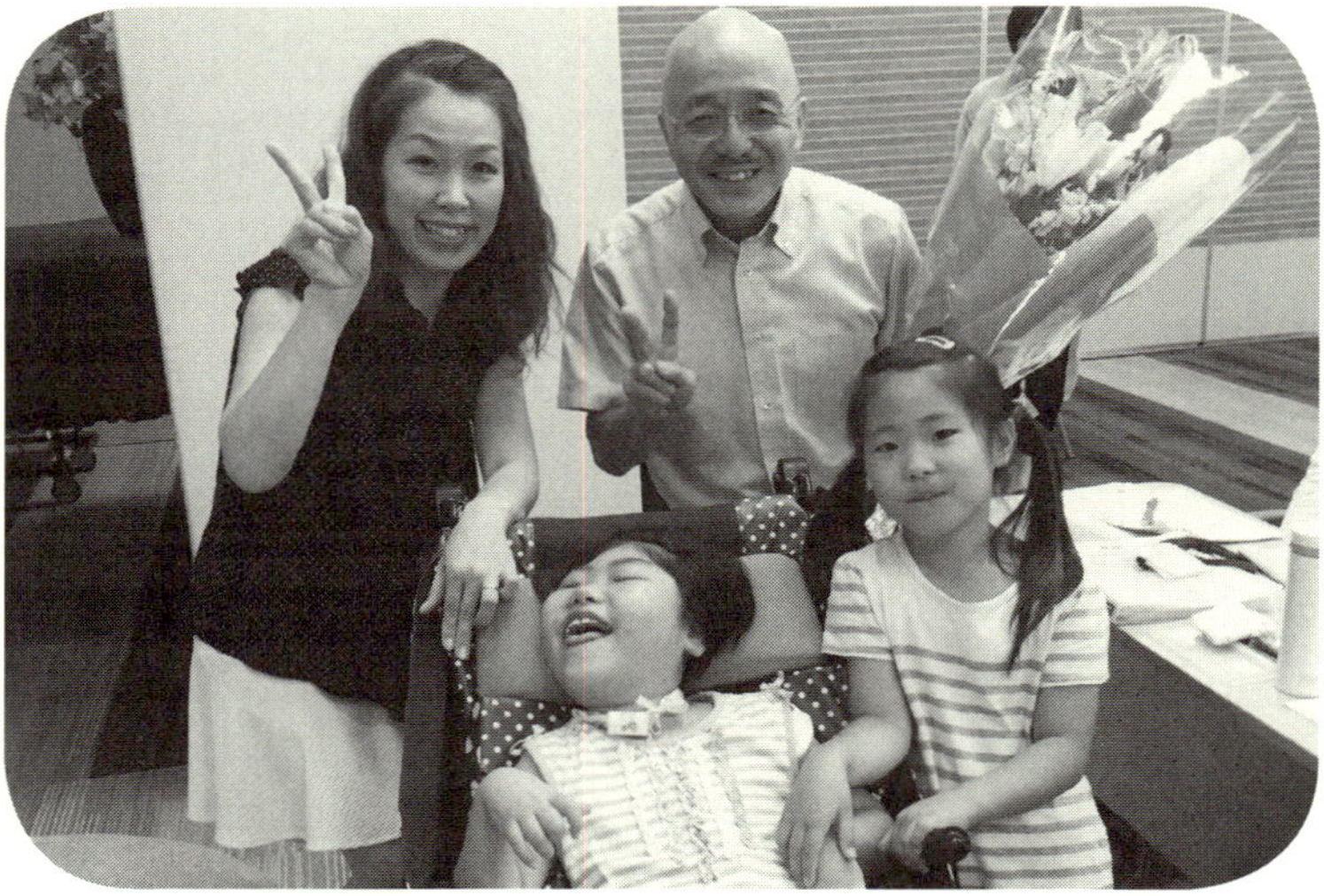

手術をしてくれた寺倉先生と

「お母さんたちからは、いい情報ばかりもらえるわけではありません。例えば、気管切開したお母さんの中には『肉芽※ができてしまった。気管切開しなければよかった』と後悔している人もいます。でも、そういったデメリット情報も、私たちは耳に入れておかなければ」

一度友だちになったお母さんたちの結束は、岩よりも固い。「こんなことで悩んでいるんだけど、相談に乗ってくれる人知らない？」と声をかければ、ママネットワークを駆使して適任者を探してくれる。一人では決して集められなかった情報が、どんどん集まってくる。その情報こそが、子育てに奮闘するお母さんたちを励ましてくれる。

「私はたまたま先輩ママに声をかけましたが、それができないお母さんだっていっぱいいる。だから、訪問看護師さんに『つなぎ役』になってほしいんです。例えば、座談会を開いたり、クリスマス会などのイベントを企画してくれると、私たちが外に出るチャンスができます。在宅のお母さんたちは、とかくうちの中にこもりがちですからね。電話でもメールでもいいと思うんです。『ちょっと話を聞いてみない？』と声をかけて、私たちが出会う機会をつくってほしいな」

※肉芽…気管切開したあと、体が傷をふさごうとし、周囲の肉が盛り上がってしまうことがある。この盛り上がった部分を肉芽と呼ぶ。また、気管カニュレの先端が当たったり、気管支の表面が刺激によって盛り上がる場合も気管内肉芽と呼ぶ。

涙のスイッチ

笑い声が増えたいまでも、涙がこぼれることはある。「私たち母親には『涙のスイッチ』がある。普段は笑っていても、そのスイッチを押すと涙が止まらなくなる」。お母さんはそう言う。

なちかちゃんが生まれるとき、お母さんはひどい陣痛に苦しんだ。気を失うくらいの激痛だったのに、初産だったため「これが陣痛なんだ」と我慢した。でもその痛みは、胎盤が剥がれるときの痛みだったと、あとで気づいた。帝王切開したとき、胎盤の七割が剥がれ、なちかちゃん

寝顔がそっくりなパパとなっちゃん

は仮死状態だった。

この子をこんなふうに産んでしまった、元気に産んであげられなくてごめんね、という罪悪感は、死ぬまで消えることはないと、お母さんは声を詰まらせる。気管切開させてしまったことの罪悪感、薬を注入するときの罪悪感。自分を責めて自己嫌悪に陥り、どうしようもない気持ちを「疲れた〜」と仕事から帰ってきた夫にぶつけ、八つ当たりする。そして、そんな自分をまた自己嫌悪する。この繰り返しだと言う。

でも、訪問看護師や障害がある子のママ友と出会うことで、かたくなな気持ちが解け、ラクになる。「薬？ 使っていいとよ。眠れんかったら、あなたもきついでしょ。なっちゃんもいっしょよ。頭が痛くなったら頭痛薬飲むのと同じ」と言われて、お母さんは「あ、そっか」と心の重しが一つ取れた。レスパイト※でなっちゃんを預けるときも、「親が体を休めるために、こんな小さな子を施設に泊まりに出すなんて……」と思っていたが、先輩ママが「これから長いのよ。何十年もなっちゃんといっしょにいるために、あなたがしっかり休養をとって元気でいないと」と言ってくれた。

※レスパイト…家族の介護負担を少しでも取り除くため、介護が必要な人が施設に短期入所（ショートステイ）すること。最近では、日中一時支援やレスパイト目的の医療入院なども含めたサービスを指す場合もある。レスパイトとは、息抜き、小休止という意味。

お母さんはいま、看護師を対象にした研修会に出かけては、小児の訪問看護に取り組もうとしている人たちに、自分の体験談を話している。最初は話している間に涙が止まらなくなって、話が何度も中断した。そのたびに中本看護師がティッシュボックスを丸ごと抱えて、壇上の影から「はい、はい」とティッシュを次々に渡してくれた。

つらいことを思い出すのに、どうして講演し続けるんですか？という質問に、お母さんは答えた。「私、なっちゃんのことを、もっとたくさんの人に知ってほしいんです。人知れずじわ〜っと生きていくのはイヤ(笑)。熊本には『なちか』がおる！

Wスマイル!!　仲良し姉妹

なちかは、ここで生きてるって伝えたいんですよ。それに、みんなから助けてもらえるでしょ。どこに行っても『あ、なちかちゃ〜ん』と言って手助けしてもらえると、私ラクですもん（笑）。そのためにも、しゃべって発信せんといかん」

話は尽きないですよ、だって自分が経験してきたことですからと、お母さんは胸を張る。

◡̈ 他人以上、家族未満

お母さんにとっての訪問看護師って、何でしょう、という質問に、なちかちゃんのお母さんは「ん〜。『他人以上、家族未満』かな」と答えてくれた。うちに毎日のように来てくれて、なちかちゃんの入浴やケアをしてくれるとはいえ、家族ではない。やはりそこは、お金を払ってサービスを提供してくれる相手に過ぎない。でも、明らかに他人ではない。日常生活の困りごとや悩みを打ち明けられる、よき相談相手だ。

病院の先生との架け橋にもなってくれる。ある程度の時間が経つと、お母さんたちはわが子の病気のことを自分で調べ、いろいろな知識を身につける。そのレベルにまで達すると、病院の先生が説明している言葉の内容が理解できる。でも、そこまで達していないお母さんは、先生の言っていることがまず理解できない。どんなに説明を受けても頭に入ってこないから、診察中でもお互いの会話がかみ合わないことがよくある、と言う。そんなとき、通訳となり、お母さんの気持ちを考えながら医療的な説明をしてくれるのが訪問看護師。お母さんの立場、医師の立場、両方を知っているからこそできることだ。

他人以上、家族未満ということは、友だち？と聞くと、「いや、友だちでもない」となちかちゃんのお母さん。

「だって、友だちには『こんなこと言ったら、迷惑よね』と思うこと、ありますよね。でも訪問看護師さんには、何でも遠慮なく言えるし、聞ける。看護のプロとして頼れる人なんです。『私ずっと寝てないと。もうきつかとたい……』と本音をもらせるのも訪問看護師。そうやって、泣きながら弱音を吐ける存在が、私にとっての訪問看護師です」

Smile 4

子どもの訪問看護は、こう進んでいく

「自宅で暮らしたい」という思いをかなえる

島津智之
Shimazu Tomoyuki

熊本県は、人口一八〇万人の自治体です。これくらいの規模の都道府県だと、新たに年間二〇～三〇人ほどが、重い障害のため医療ケアが必要な状態で家に帰る、と言われています。

そんな子どもたちを在宅ではなく入所という形で受け入れる「重症心身障害児施設」が、県内に五つ整備されています。医療の体制が整っており、そこに入所した子どもたちは、必要な医療のケアを受けながら、スタッフの介護のもとで日常生活を送ります。

熊本県は、重症心身障害児者施設が比較的充実しており、ベッド数は五〇〇～六〇〇床と人口当たりのベッド数は他県に比べて多いのですが、それでも常に満床です。なかなか空きが出ることはありません。

そんな背景も含めて、自宅での生活を選ぶ家族が増えています。重症心身障害児施設に子どもを預けるか、在宅生活を送るか、その二つが大きな選択肢としてあるのですが、ベッドに空きがないため、施設に預けるという選択肢はないも同然、あったにしても狭き門とも言えます。

ただ、多くの家族は「自宅に連れて帰りたい」という強い意志をもっています。わが子を自分たちの家で育てるのが、家族としての自然な形だと思っているからです。なちかちゃんのお母さんのように、NICUで子どもを見つめるしかなかった親御さんたちは、早くこの子と自宅で過ごしたい、親子として普通に暮らしたいという思いがひとしおです。

でも、そんな親御さんたちにも、迷いはあります。この子を連れて帰って、本当にちゃんとやっていけるのだろうか、という不安を感じるからです。

重い障害がある子どもたちは、元気な子とは違い、ちょっとしたことが命取りになります。感染症のリスクも高いですし、医者や看護師がそばにいる病院とは違い、医療的ケアを親が自分の手でやらなければなりません。気管切開している場合は、昼も夜もなく痰の吸引が必要です。とにかく、毎日二四時間、ケアと健康管理に気を抜けないのです。

それだけではありません。きょうだいがいる場合は、きょうだいたちにどんな影響を与えるか、おじいちゃんやおばあちゃんはどう思うか、ご近所さんにどんな目で見られるかなど、心配ごとが山のように積み重なります。

在宅生活への不安、周囲の反応への不安、これらが束になって襲いかかるとき、どんな親御さんでもくじけそうになります。「連れて帰って容態が悪くなるよりは、このまま病院や施設にいたほうが、この子のためだ」という気持ちも生まれます。

でも、家族でいっしょに暮らしたいという本能的な思いが、結果的に在宅を選択することにつながっているような気がします。そうであるなら、その思いに応え、不安を少しでも取り除き、暮らしやすい、安心できる在宅生活をかなえるのが、私たちの仕事ではないかと思います。

「在宅移行支援」と「訪問看護」、二つのコラボ

家族が疲れ果てていく在宅ではなく、家族の笑顔があふれる在宅にするためには、二つのサービスが欠かせません。一つは「在宅移行支援／レスパイト」、もう一つが「訪問看護」です。

この二つは、それぞれが孤立していてもダメです。お互いが密接につながり、コラボのような関係である必要があります。

在宅移行支援は、在宅生活を始めるための準備です。この準備をきちんとしておかないと、自宅に戻ったとき、家族は不安のどん底に突き落とされます。何しろ、病院では医師や看護師がやっていたことを、すべて自分たちでするのです。

ほとんどの親は、看護の経験も介護の経験もありません。子育ても初めてのケースが大半です。在宅生活では何が必要で、一日二四時間はどんなふうに流れ、どのタイミングでどんなケアが必要か、そして、どんな人たちが自分たちの生活を支えてくれるのか、それがわからなければ、在宅生活は、スタート当初から恐ろしく大変なものになります。在宅を「苦しいもの」ではなく、「楽しいもの」にするために、在宅移行支援は必要なのです。

一方、いくら充実した在宅移行支援を受けたとしても、家に帰って支えてくれる人が誰もいない生活は、とても苦しく、つらいことばかりです。日々起こる突発的な出来事に、家族は振りまわされ、途方に暮れます。でも、ちょっとしたことが相談できる相手、医療のことを気軽に聞ける相手がいるだけで、家族は在宅生活をがんばっていけます。一人では大変な入浴も、訪問看護師に手伝ってもらうと楽しい入浴へと変わります。

充実した在宅移行支援と訪問看護、どちらとも不足していたために、非常に苦しい思いをされたのが、なちかちゃんのお母さんです。この二つがそろっていることが、在宅生活にとっていかに重要かを、なちかちゃんファミリーは教えてくれました。

在宅移行支援では何が行われるか

在宅移行支援では、病院にいながら、在宅生活に必要となる医療的な技術を家族が身につけていきます。同時に、在宅に向けた住まいの環境づくり、介護用品などの準備などを行います。この時期から訪問看護師などの在宅スタッフも家族と関わり、信頼関係を築いていきます。

すべては、本格的に在宅生活をスタートするための「準備」として行われます。病院を退院すると、医療的なケアはもちろん、きょうだいがいる場合は、きょうだいたちの面倒を見ながら、障害のある

●図１：在宅生活の一日

時間	本人のスケジュール	育児
6:00	♥吸入・吸引	吸引器・呼吸器関係グッズの整備 着替え・おむつ交換・★だっこ
7:00	♥注入 ★きょうだいが登校　パパは出勤 ★お出かけの挨拶　みんなとタッチ	♣ミルク準備 胃残確認・ミルク注入
8:00	♥吸引	★幼児番組をみる
9:00		
10:00	♥♣訪問看護・居宅介護がきて入浴 ♥♣着替え・気切、胃瘻の処置	★看護師とママで一緒に遊ぶ ★PT/OT/STが介入する曜日も 母親が成長を感じる時間
11:00	♥注入・吸引	
12:00	お昼寝	♣おむつ交換・★だっこで寝かせつけ
15:00	♥注入・吸引	
16:00	★きょうだいが帰宅　遊んでもらう	きょうだいとの関わり
18:00	★パパ帰宅　マッサージしてもらう	パパ帰宅　マッサージしてもらう
20:00	♥注入・吸引	
21:00		♣パジャマに着替えて ★絵本をみる
24:00	♥注入・吸引	
夜中	♥吸引・体位変換	♣おむつ交換

●図２：在宅移行スケジュール

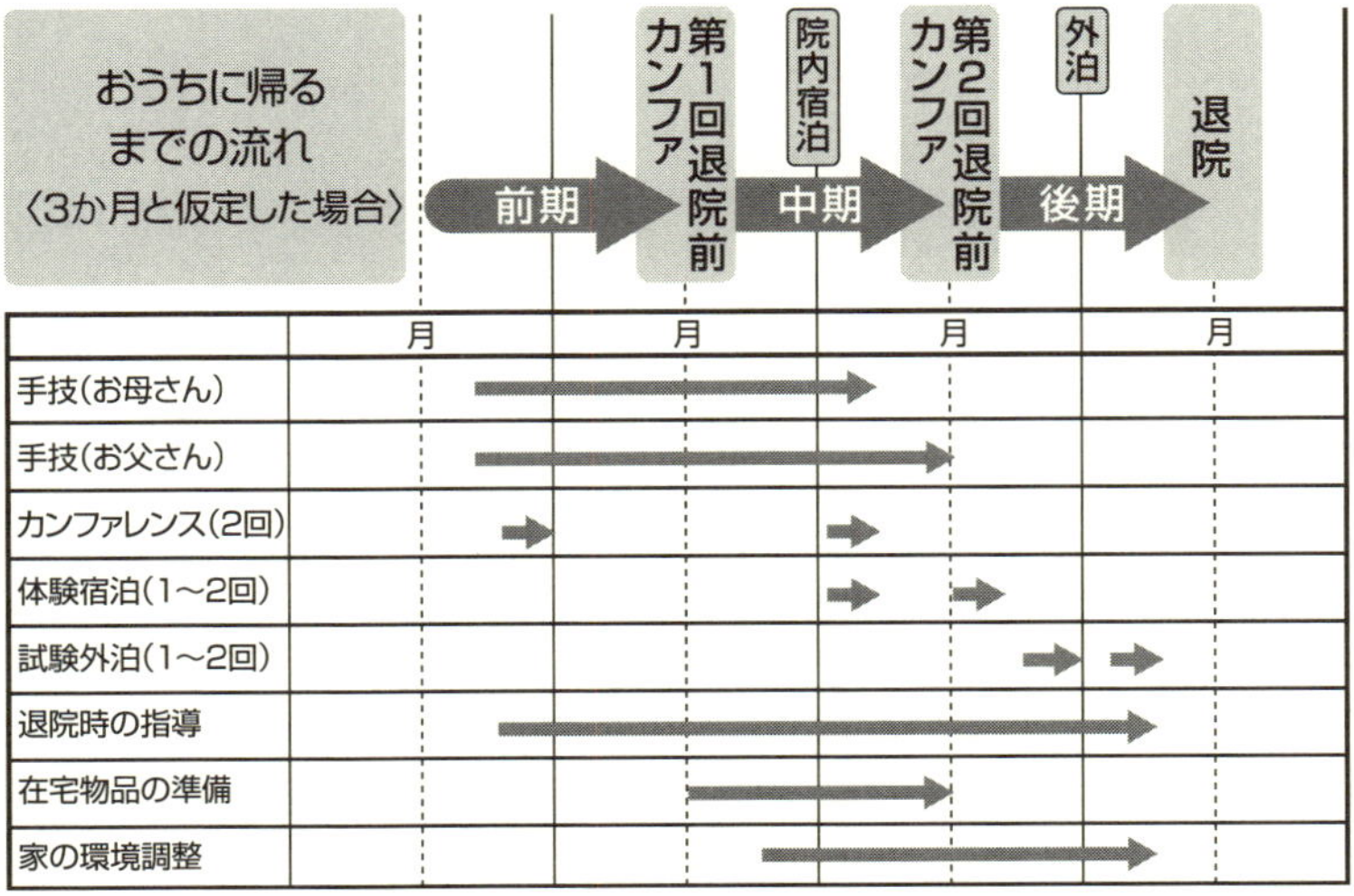

子を世話しなければなりません。

「在宅生活は『介護』ではなく、『子育て』です」。なちかちゃんのお母さんはそう言います。お母さんが、子どもの衣食住を世話する「介護」に明け暮れるのではなく、子どもの成長を家族みんなで楽しむ「子育て」ができるよう、在宅移行支援は行われるのです。

具体的には、次のようなことが行われます。図2を見ながら、読み進めてください。

（1）手技

痰の吸引や栄養注入など、医療的ケアの方法を、練習によって身につけていきます。具体的には、図3のような内容です。

人の体にチューブを入れたことのない家族にとって、チューブ挿入は最初の難関。在宅生活が始まり、不測の事態が起こったときも、落ち着いて対処できるよう、しっかりと練習します。お父さんにも仕事の休みの日などを使って練習してもらいます。

図3：家族が行う医療的なケア

父	母		父	母	
		栄養注入・内服注入			
		口腔ケア			気切部ガーゼ交換
		痰の吸引			沐浴
		カニューレ交換2回実施			清拭・更衣
		栄養チューブ交換			体位変換
		人工呼吸器蛇管交換			アンビューバックでの換気

（2）合同カンファレンス

訪問看護師、ヘルパーを始め、主治医、医療機器業者、保健師など、在宅に関わる専門職や関係者が集まり、家族をどうサポートするか話し合います。家族も出席し、お互いに情報交換することで連携を強めます。詳しくはこのあと解説します。

（3）院内宿泊

家に帰ったときの生活を想定し、病院の個室を準備し家族だけで一泊二日を過ごします。痰の吸引も、人工呼吸器のアラームに対応するのも、すべて家族。看護師や医師はあえて手を貸しません。そうやって、在宅生活を擬似的に体験します。

（4）体験外泊

家に帰り、二泊三日を家族だけで過ごしてみます。二四時間の中で、いつ、何をしなければならないか実体験できるので、在宅生活をより具体的にイメージできます。必要なものや課題も新たに発見できるので、スタッフ一同で情報を共有し、家族の不安を解消していきます。また、外泊中の訪問看護も医療保険で認められるようになりました。

（5）退院時の指導、在宅物品の準備

手技の練習や院内宿泊などと平行して行っていきます。在宅生活で気をつけることだけでなく、人工呼吸器のトラブルや緊急時の対応方法、連絡手順などの確認をしておきます。

（6）家の環境調整

スムーズに在宅生活に移れるよう、住まいを在宅仕様に整えていきます。ベッドの位置、向き、人工呼吸器や痰の吸引器の設置場所なども決めていきます。

外泊の前に、訪問看護のスタッフが一度自宅を訪問。病院から自宅までの移動手段、車中での対策、必要な物品の確認、ものの配置などを確認します。自宅にうかがうと、その家庭の状況が把握できるので、これはとても重要なプロセスです。きょうだいがいる場合は、保育園・幼稚園の送迎時間の確認もします。

連携のために欠かせない「合同カンファレンス」

在宅移行支援期間中、私たちは最低二回の合同カンファレンスを行っています。カンファレンスに出席する主な人と、話し合いの内容をまとめてみました。

●図5：カンファレンスの参加者

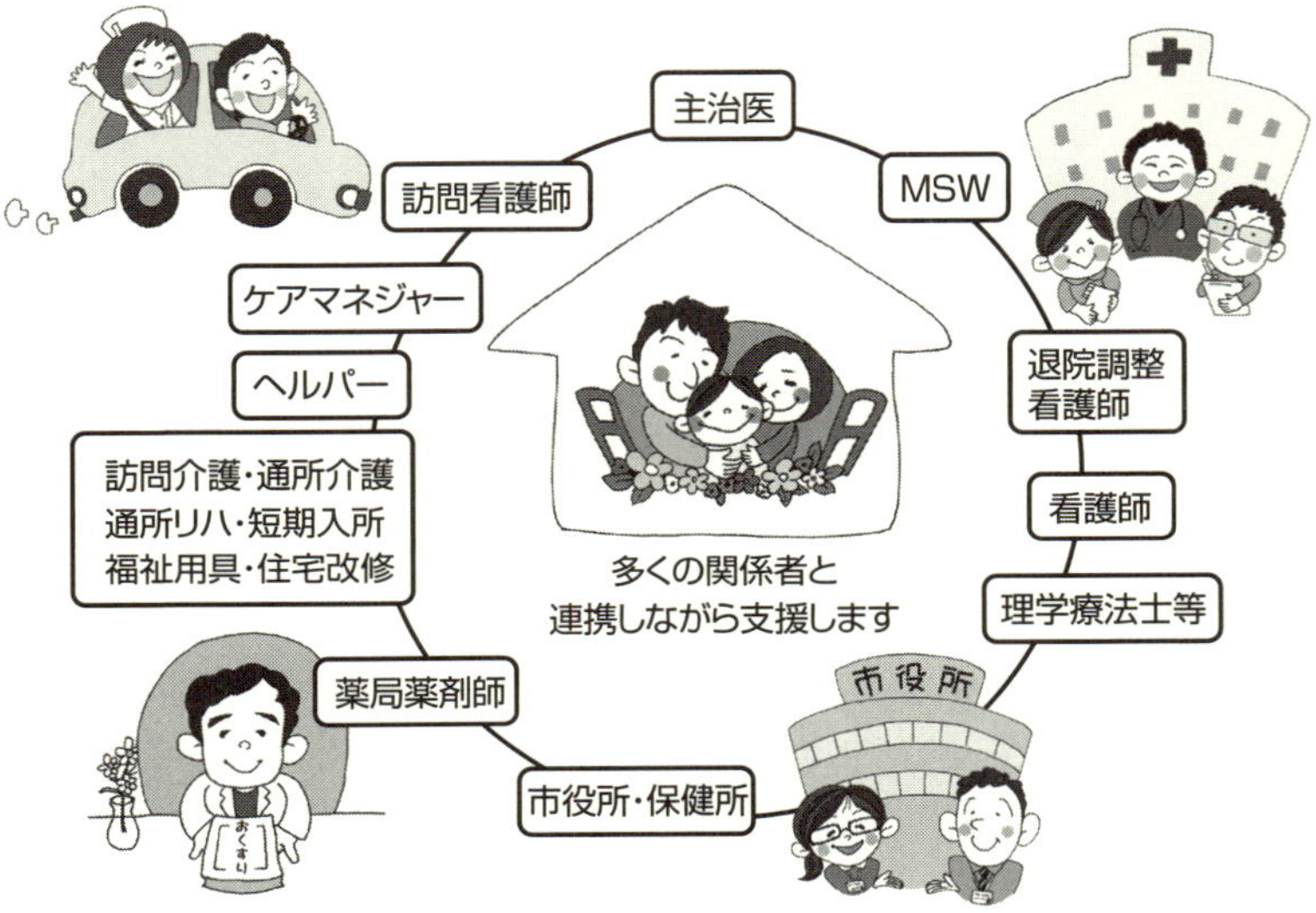

主治医	子どもの病状の経過を説明し、今後の治療方針について話します。
病棟の看護師	病棟での栄養注入時間など、お子さんが入院しているときの状態を細かく説明するとともに、自宅に帰ったときに必要なケアなどについても話します。
訪問看護師、ヘルパー、理学療法士などの訪問スタッフ	在宅生活が始まったとき、週に何回訪問するか、何時に訪問するかなどを提案します。夜間の発熱やけいれんなどが起こったときの緊急時対応についても確認します。
保健師、行政の担当者	利用できる助成制度などについて話します。予防接種の調整についても話します。
相談支援事業所の関係者	レスパイトのためのショートステイ、居宅介護などの福祉サービスなどを希望する場合は、利用方法などについて確認します。
医療機器業者の担当者	人工呼吸器や吸引など、在宅生活で使う機器について、確認や説明をします。緊急時の対応についても確認します。
家族	在宅の当事者として出席します。お父さんとお母さんには必ず出席してもらっています。

出席する関係者の顔ぶれは、子どもの状態によって違います。日程が合わなくて欠席せざるを得ない関係者もいるので、いつもフルメンバーが集まるというわけではありませんが、かなりの人数になります。

二回のカンファレンスは、それぞれにもつ意味あいが異なります。一回目は、主に顔合わせのために行います。しかし、顔を合わせて終わりというわけではありません。もっとも重要なのは、子どもと家族を中心に、これから家に帰る準備がスタートするという共通認識をもつことです。お互いの役割を確認しながら、在宅の問題点や課題を共有し、その解決に向けた情報交換を行います。手帳や給付などの申請関係のことも、このときに確認します。

カンファレンスでは、家族にも「何か聞きたいことはありますか」と水を向けますが、一回目のときにはあまり質問は出てきません。何もかもが初めての経験で、具体的に在宅生活をイメージしきれていない時期なので、どんな質問をしていいのかわからない。もしくは質問したいことが多すぎて、整理ができていないという場合もあるでしょう。

二回目のカンファレンスは、外泊の直前に行います。ここでは、一回目より具体的な話が出てきます。家での入浴方法、毎日のタイムスケジュールや月のスケジュールの調整、足りない物品の確認、通院の方法などを確認します。このカンファレンスの前には、訪問看護師が自宅を訪ねます。そして、コンセントの位置、お風呂の位置、間取りなどを確認し、家族の動線や日常をイメージした上で、具体的な在宅生活のアドバイスを行います。

二回目のカンファレンスでは、家族からの質問もたくさん出ます。在宅のイメージがかなり出来上がっているからです。集まった専門職や関係者がそれに一つひとつ答え、家族の不安を軽減していきます。

期間は三〜四か月が標準

在宅移行支援の期間は、だいたい三か月から四か月です。このくらいの時間があれば、在宅の準備をしっかり整えることができます。

私たちが最初に在宅移行支援を行ったつかさ君の場合は、すべてが初めてづくしだったため、どのくらいの期間で準備できるのか、まったく見えていませんでした。そのため、一年半もかかってしまいました。

その後、一人、二人と在宅移行支援を行っていくうち、ペースや時間配分がわかってきました。たくさんの試行錯誤を繰り返しましたが、いまは、人工呼吸器がついている子で三〜四か月、ついていない子で二〜三か月が適切だろうと考えています。もちろん、個人差はあります。もっと長くかかる家族もありますし、短くてすむ家族もいます。

在宅生活は、始めてみないとわからないことがたくさんあります。そこで、すでに在宅生活を始めている家庭への見学も行っています。できるだけその家族に状況の近いご一家を紹介するようにしています。例えば、障害の種類だけでなく、きょうだいも含めた家族構成や、一戸建てか賃貸のアパートかといった住居環境などが似通っているご家族を紹介することで、できるだけ退院後のイメージがわきやすいように配慮しています。

在宅移行支援のメリット

家族が在宅生活への心構えをもつことができる、医療的なケアの手技を覚えることができる、訪問看護師などのスタッフとあらかじめ信頼関係をつくっておけることなどが、在宅移行支援の主なメリットですが、ほかにもいいことはあります。

在宅移行支援の間、お父さんやお母さんはもちろん、小さなきょうだいたちも障害がある子本人と自由に面会できます。自宅に戻る前に、家族がふれあいのひとときをもてることは、在宅生活をスムーズにスタートさせるために重要です。

重度の子は、たいていNICUなどに入っています。家族が自由に出入りできる場所ではないので、両親は入れても、きょうだいたちはだいたい入れません。そのため、NICUから出て直接自宅に戻り、在宅生活が始まると、きょうだいたちに突然「妹だよ」「弟だよ」と紹介することになり、戸惑いが起きます。

だからこそ、NICUと在宅生活との間に、在宅移行支援というワンクッションを設け、病院を行ったり来たりしながら、家族やきょうだいとのふれあいを深め、少しずつ準備する期間が必要なのです。

訪問看護では何が行われるか

ステップ♪キッズの場合は、在宅移行支援のときから、訪問看護師が家族と接しています。在宅生活が始まっていきなり「初めまして」ではなく、移行支援のときからスタッフが家族と交流をもっているので、在宅生活スタートのときには、すでにお互いの間に信頼関係が出来上がっています。この状況をつくることが、非常に重要だと考えています。

訪問看護師は、必要に応じて、家族が病院を退院し、自宅に戻るところから付き添います。外泊のとき、一度自宅に帰る練習をしているので、移動のコツや車中での様子なども、だいたいわかっています。

家に着いたら、人工呼吸器などの医療機器や、ガーゼやチューブといった物品の配置を、改めて再確認します。自宅に着いたとたん、在宅生活は始まりますので、次の栄養注入時間、痰の吸引、体位変換のタイミングを確認し、必要ならケアを行います。

その後は、定期的に家庭を訪問することになります。訪問時間は、一回当たり一時間から一時間半。子どもの病状や状態に応じて、週に何回訪問するかを決めます。毎日訪問しているお宅もあります。

訪問看護では、次のようなことを行います。

●状態観察　●各種カテーテル管理
●在宅酸素療法・人工呼吸器などの医療機器の管理
●入浴・清拭などの保清ケア　●栄養についての相談
●リハビリ指導　●遊びを通しての発達支援
●外出時の見守り（きょうだいの行事など）
●育児相談など

文字にすると、なんだか無味乾燥な印象ですが、ステップ♪

●図：利用者の週間予定の例

	月曜日	火曜日	水曜日	木曜日	金曜日	土曜日	日曜日
6時							
9時	訪問看護	居宅介護	訪問看護	居宅介護	訪問看護	きょうだいの幼稚園送り	
12時							
15時	訪問看護 居宅介護	訪問看護 居宅介護	訪問看護 居宅介護	訪問看護 居宅介護	訪問看護 居宅介護	入浴介助 きょうだいの幼稚園迎え	
				訪問診療 1回／2週			
18時							

キッズの訪問看護は、世間話するようにお母さんや家族と会話しながら、こうしたケアをいくつも組み合わせて行っていきます。

病院と家族、お母さん同士をつなぐ架け橋

訪問看護師がお母さんや家族から聞き取ったこと、訪問して肌身で感じた情報は、その後の診察に大きく役立ちます。

進行性の病気を抱えている子は、最初は人工呼吸器がいらなくても、徐々に呼吸が苦しくなり、人工呼吸器がないと在宅生活が難しくなるケースがしばしばあります。しかし、気管切開の手術は、多くの家族にとって抵抗感のあるもので、必要だとわかっていても踏み切れないのが現状です。そんな家族の不安な気持ちに配慮しながら、訪問看護師と主治医が情報交換し、どうするかを考えていきます。訪問看護師が家族と病院との架け橋になってくれることで、こうしたことができます。

人工呼吸器をつけたり、気管切開したあとのケアも重要です。訪問看護師たちは、経過を観察するだけでなく、お母さんや家族の精神状態にも目を向けます。特にお母さんは、気管切開させてしまったことに罪の意識を感じたり、自分を責めたりすることがあります。こうした気持ちに寄り添い、つらい気持ちを和らげるひと言をかけるのも、訪問看護の大切な役割の一つです。

医師には本音を話せないけど、いつも来てくれる訪問看護師になら話せるお母さんはたくさんいます。在宅生活で不安なのは、医療のことだけではありません。病気が進行したときのこと、きょうだいとの関係、保育園や小学校に入れるときのこと。家族の悩みがつきることはありません。それらを相談できる人が一人いるだけで、お母さんや家族は救われ、前向きな気持ちで在宅生活を送ることができます。

また、なちかちゃんのお母さんが言っていたように、障害がある子のお母さん同士をつなげるのも、とても大切なことです。

ステップ♪キッズでは、訪問看護以外のときでも、お母さんからの相談を受けられるよう、LINEを使ってお母さんたちとつながっています。LINEでは、お母さん同士もつながっています。たとえインターネット上であれ、お互いにつながっていれば、在宅経験者でなければわからない生活の技や、お互いの気持ちまで、情報交換することができます。

ネクステップが毎年主催しているクリスマス会、マルシェイベントなども、利用者さん同士が交流を深める機会になっています。

訪問看護を支えるために、なくてはならないバックアップ体制

訪問看護は、家族の大きな支えになると同時に、病院と家族とをつなぐブリッジになります。在宅生活を続けるためのキーマンと言ってもいいでしょう。

しかし、訪問看護があればすべてが解決するわけではありません。訪問看護を後ろで支えるバックアップ体制が必要です。

バックアップ体制とは、一つは入院できるベッドを確保することです。

重い障害のある子どもの場合、NICUを退院して在宅生活を始めていても、たびたび調子が悪くなります。治療のための入院や検査のための入院。そんなとき、ベッドが空いていないと、家族は途方に暮れてしまいます。

もう一つ重要なのが、レスパイトです。月に何日かお子さんを病院や施設でお預かりし、介護で大変な家族に疲れた体をゆっくり休めてもらう、それがレスパイトの主な目的です。在宅生活の英気を養ってもらうとともに、日頃なかなか手をかけられないほかのきょうだいに、親の愛情をたっぷりと注いでもらうこともできます。こうした「休息の時間」「ほかの家族に愛情を注ぐ時間」を取ることは、家庭を破綻させず、在宅生活を続けるために欠かせない要素です。

私がいる熊本再春荘病院は、入院、レスパイト、どちらにも対応しています。限られた数の看護師で、たくさんの重い障害の子どもたちを見ることになるので、ラクではありません。でも、在宅生活にバッ

クアップ体制はなくてはならないものと捉え、病棟の看護師たちといっしょにがんばっています。「在宅移行支援／レスパイト」と「訪問看護」が両輪として、しっかり在宅生活を支えていければと思っています。

訪問看護は、なぜこんなに楽しいのか

中本さおり
Nakamoto Saori

ステップ♪キッズのスタッフには「うれしい悩み」があります。他の病院からステップ♪キッズに転職してくると、みんな太るんです。なぜでしょう。規則正しい生活とストレスがなくなって、食欲が増すからです。

子どもたちのもとに訪問看護に通うのは、本当に楽しいです。子ども本人や家族と関わりながら、その成長を自分も楽しめる。こんな仕事はほかにないと思います。

スタッフたちのほとんどは「ステップ♪キッズで働きたい」と言って、仲間入りをしています。就職先として何となく選んだ、という人はいません。子ども専門の訪問看護に興味をもち、自ら扉をたたいています。

スタッフの中でも古株に入る古田絵美さんは、私のリュックに入っている「リコーダー」を見て、ステップ♪キッズの訪問看護師になってくれました。もともと熊本再春荘病院の小児科の看護師だった彼女は、子どもたちが病院にレスパイトに来るとき、それに付き添う私の姿を見ていたのです。ある日、古田さんは「そのリュックの中に何が入っているんですか」と聞いてきました。当時私は、子どもたちに音楽を聞かせてあげるため、リコーダーやハーモニカをリュックに入れて持ち歩いていました。音楽があると、子どもたちが楽しくなってくれるからです。

その一本のリコーダーが、古田さんの心を動かしました。彼女は小児科の看護師をしながら、「子どもたちと、もっと遊びを通してふれあいたいな」と思っていました。でも、忙しい病棟業務に追われ、それがなかなかできなかったのです。

ステップ♪キッズに来てから、古田さんは「ずっと楽しい」と言っています。小児科では重症心身障害児を看ていたので、その分野の経験はあります。でも、看護師と患者という壁を越え、子どもたちやその家族といっしょに歩む楽しさは、ステップ♪キッズに来なければ経験できなかったことかもしれません。

男性の訪問看護師として活躍している町田洋介君も、ステップ♪キッズに来る前はNICUで働いていました。彼は、小児の在宅介護の現場を、「お母さんだけが必死にがんばっている、しんどくて深刻な現場」と捉えていました。だから、小児の訪問看護ステーションにも、暗いイメージしかもっていなかったのです。

ところが、私たちに同行し、ステップ♪キッズの訪問看護を見学した町田君は、その楽しそうな様子に、本当にびっくりしたようです。「どうしてこんなに楽しそうなんですか？」と、最初は不思議そうでした。その不思議を解明するために、ステップ♪キッズに入ってきたのですが、いまではすっかり、楽しい訪問看護の担い手になっています。

高給を捨ててまでやってくるスタッフたち

ほかにも、大学病院の小児科に勤務していたのに、その立場を捨ててまで、熊本の小さな訪問看護ステーションであるステップ♪キッズに来てくれた看護師もいます。

実は、大学病院と訪問看護ステーションでは、お給料が年間数十万円以上も違います。訪問看護ステーションに転職した途端、数十万円もの収入が減るのです。だから、いくら本人が「やりたい」と言っても、家族に反対されます。それはそうです。お給料が減れば、生活が苦しくなるかもしれないのですから。

でも、私もスタッフたちも「お給料の問題ではない」と思っています。病院ではできないことが、訪問看護ではできるのです。音楽を聞かせてあげたり、成長の記念に足形をとってあげたり。看護師たちが「こんなこと、やってあげたいな」と思いながら、病院の規則やしがらみの中でできなかったことが、訪問看護では実現できます。だからストレスがなくなって太るのです。やりたいことができるうれしさは、お給料を超えます。

どのくらい楽しいの？　本当に楽しいの?と思っている人がいたら、ぜひステップ♪キッズに見学に来てください。この楽しさは、実際に見て、肌で感じるのが一番だと思います。

Smile 5

ななちゃん、かわいいもん

ヒヤヒヤ愛情表現

「ななちゃ〜ん！」と言って、リビングで横になっているななちゃんに、小学一年生のお兄ちゃんがすり寄る。ときどき、ななちゃんの鼻先についているキューピーのお尻のようなハートの肉片をちゅっとつまむ。自宅でアイスクリームを作ったときは、指先にそのアイスをつけ、ななちゃんの口にずぼっと入れた。「こらぁ！」。ママがヒヤッとするようなことを、お兄ちゃんはやってくれる。

でもこれは、すべて妹のななちゃんに対する愛情表現。おにぎり、マヨネーズ、チョコレートと、自分が食べているものなら何でもななちゃんの口元に持っていこうとするのは、ななちゃんに味見をしてほしいから。おいしいものをいっしょに味わいたいという、お兄ちゃんごころの表れだ。

ななちゃんは、ステップ♪キッズが見ている子どもの中で、障害が最も重い。たまに、ななちゃんの足につけられているパルスオキシメーター（血液中の酸素濃度を測る機器）の値が、あり得ないレベルにまで下がることもある。でもななちゃんは、小学五年生の姉、一年生の兄、パパ、ママ、犬のモチ、ウーパールーパーがいる自宅で毎日を送っている。

「ななちゃん、かわいいけん」。ママはそう言いながら、ななちゃんの顔を愛おしそうにのぞき込む。そして、小学生のお兄ちゃん、お姉ちゃんを抱きしめる。そんな様子を見て、モチが「自分も仲間に入れて」と一生懸命しっぽを振る。パパは優しい笑顔を浮かべながら、わんぱく盛りのお兄ちゃんと遊ぶ。

家族のあたたかさ、みんなでいることの幸せ。ななちゃん一家は、そのかけがえのなさを教えてくれる。もちろん、平坦な道ではないはずだ。昼夜を問わずななちゃんのケアが欠かせないし、容態が悪化するたびに入院を繰り返している。だけど、「自宅で一家そろって暮らすのが当たり前」とママは思っている。

昨年の夏は、みんなでプールと花火を楽しんだ。ネクステップのクリスマス会にも毎年参加する。それにななちゃんは、保育園の入園式だって経験したことがある。「この病気の子は一歳まで生きられない」と言われたななちゃんは、いま五歳。家族の声でいっぱい

団地の夏祭り・おそろいのハッピを着て

に満たされるリビングで、長いまつげをパッチリさせて、家族といっしょに、同じ時間を過ごしている。

13 トリソミー

ななちゃんの病気は「13トリソミー」と呼ばれている。染色体異常の一つで、一三番目の染色体が二本ではなく三本になっている。一般的にさまざまな奇形を伴い、心臓の合併症も重いことが多い。九〇パーセント以上が一歳までに亡くなると言われている。

ななちゃんの鼻先にハートの肉片があるのは、体の形成不全によるもの。でもそれがかわいらしくて、お兄ちゃんの愛情表現の的になる。

重い心臓病もあるが、ななちゃんは手術ができない。体への負担が大きすぎるからだ。心臓は肺を圧迫するほど大きくなっていて、体重が増えると命が危なくなるから、三キロくらいから体重を増やすこともできないと言われている。泣くと呼吸が止まり、チアノーゼになり、心拍も急激に下がるので、いつでも命の危険と隣り合わせだ。NICUだと、医師や看護師がすぐに駆けつけてくる。

ななちゃんは、生まれてから一年五か月もＮＩＣＵにいた。この間、ママの気持ちは大きく揺れた。「連れて帰りたい。でも、こんな状態のななちゃんを連れて帰ったら、きっと命に関わる」

ななちゃんの病気のことを詳しく知ってからは、とても正常な気持ちではいられなかった。探しても探しても、悪い情報しか出てこない。本やインターネットには、「三か月までにほとんどの子が亡くなる」「一歳まで生きられない」と書いてある。ＮＩＣＵにいるときも、何度も危険な状態になった。そんなときはなおさら「やっぱり帰宅は無理……」とひどく落ち込んだ。

ただ、連れて帰りたいという気持ちはいつもあった。それができなかったのは、「ななちゃんと私との『自宅に帰るためのタイミング』が合わなかったから」とママは言う。ママが「連れて帰りたい」と思ったとき、決まってななちゃんの容態が悪化していた。逆に、ななちゃんが体調の良いときに不安がママを襲うと、連れて帰りたいという気持ちがトーンダウンした。保育園に通っているお兄ちゃんは、園からインフルエンザ、風邪、嘔吐下痢症など、いろいろなものをもらってくる。それがななちゃんにうつったら…。そう思うと怖くなった。ママは悩みながら、感情の大波小波を味わいながら、ＮＩＣＵにいるななちゃんに会うため、病院に通う生活を続けた。

それが変わり始めたのが、ななちゃんが一歳を過ぎたころだ。本には「一歳まで生きられない」

とあったのに、ななちゃんは一歳以上生きている。それに、ななちゃんとママとのタイミングもちょうど合致した。連れて帰りたい！　という強烈な思いがわき上がってきた。

「思い立ったらすぐですから（笑）。いますぐ連れて帰る！となったんです」

とはいえ、今日思い立って今日退院、というわけにはいかない。ＮＩＣＵの看護師たちは、パパとママに「在宅生活が始まると、こんな人たちがおうちに来てサポートしてくれますよ」と教えてくれた。

でも、ママはさっぱりイメージできなかった。「こんな人たち」の一人である「訪問看護師」や「ヘルパー」が、いったい何をしてくれる人なのかわからなかった。一日に何回、何時間来てくれるの？土日は大丈夫なの？と次々と疑問がわいてくる。

そんなとき、ＮＩＣＵの入院児支援コーディネーターが「熊本再春荘病院に島津先生という人がいる。そこに一回行ってみられたらいいですよ」とアドバイスしてくれた。それを聞いたママは喜んだ。「そうか。その先生のところに行けばいいんだ。そしたら、ななちゃんは家に帰れるんだ」。すぐに主治医に相談し、熊本再春荘病院の予約をとり、病院に向かった。

しかし、ななちゃんと自宅に帰る気満々だったママは、島津医師の話を聞いてどん底に突き落とされた。

在宅移行支援

希望をもって熊本再春荘病院を訪れたママに、島津医師はこう言った。

「ななちゃんは、長く生きることは難しいと思います。おうちに帰る前に亡くなるかもしれないし、帰ってすぐに亡くなるかもしれません。それでも、おうちに帰りますか」

優しそうな顔をしているのに、なんてはっきり言うんだろうと思った。そんなこと、わざわざ言われなくてもわかっている。病気のことで、こちらが希望をもてる情報なんて一つもない。さんざん調べて身にしみている。

でも、島津医師がそう言ったのには理由があった。障害がある子が病院から自宅に帰るとき、「在宅移行支援」が行われる。通常の期間は三〜四か月。この間、具体的な在宅ケアの方法を親に学んでもらう。家に帰ったことを想定した院内体験宿泊や外泊を試してみて、よし、これなら在宅でもやっていけるぞ、という状態になってから、自宅に戻ってもらっている。そうしなければ、何もかもわからないまま在宅生活をスタートさせることになり、親子共倒れになる可能性があるからだ。

ななちゃん一家にも、移行支援は必要だった。でも、ほかの子と違い、ななちゃんの重症度は高すぎる。いつ何が起こってもおかしくない。移行支援の三か月の間に、亡くなってしまう可能性だって十分にある。だから島津医師は、移行支援の期間を一か月に短縮し、できるだけ家族が在宅で過ごせる時間を長くしようと考えた。そのためには、ななちゃんの病状について、言いにくいことでも伝えておかなくてはならない、と思ったのだ。

ママはドーンと落ち込んだが、とにかく移行支援を始められることになった。期間は一か月。この間に、ママとパパはななちゃんのケアを覚えなくてはならない。ななちゃんには、鼻に酸素を入れるチューブ、口に栄養を注入するチューブが入っている。痰を自分で出せないため、吸引用のチューブを入れてたびたび痰の吸引をしなければならない。でも、パパもママも、人の体にチューブを入れるなんてやっ

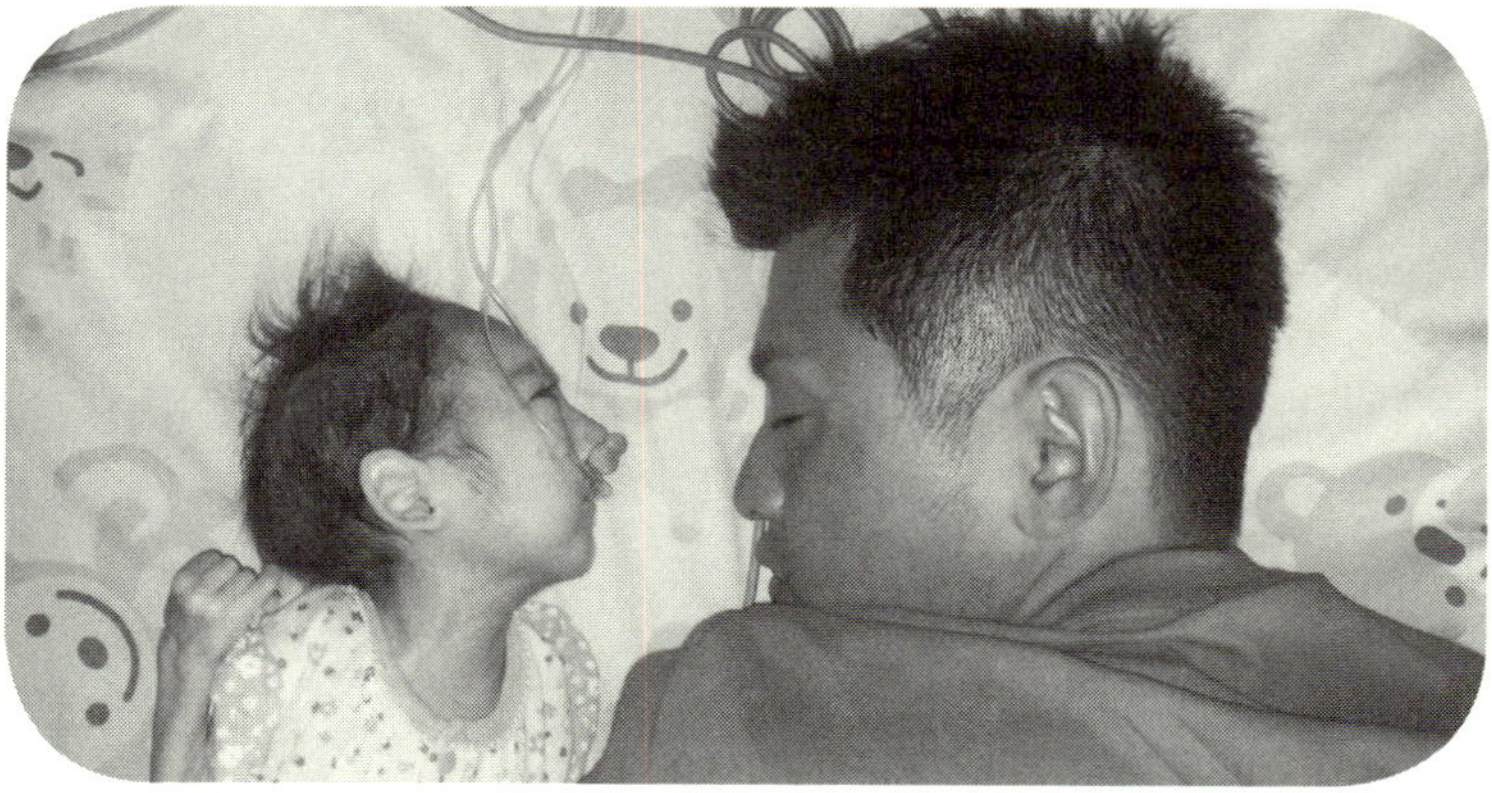

寝かせつけのつもりが寝かせつけられたパパ

たことがない。まして、ななちゃんの体は小さい。チューブも極細のストローのように細い。最初は「あなたがやって」「いや、お前がやれよ」と、夫婦そろって尻込みしていた。でも、挫折しそうだったママを助けるように、ななちゃんはスッとチューブを口から入れさせてくれた。

在宅に関わるスタッフとの合同カンファレンスも行われた。ステップ♪キッズの訪問看護師、ヘルパーはもちろん、医療機器メーカーの人、保健所の人……。何人いたかは覚えていないが、とにかくすごい人数がいたことだけは覚えている。これだけの人数が関わるんだと思う反面、ママはすっかり緊張してしまった。

最大のピンチ

病気のことについては、ホッとする要素はまったくなかった。でも、移行支援のときから、在宅のときに来てくれる訪問看護師と接していたことで、在宅生活に対する大きな不安を感じることはなかった。それよりも、自宅で一家そろって暮らせるうれしさのほうが大きかった。

もう一つ、こんなことも感じていた。「島津先生やステップ♪キッズのサポートがあれば、ななちゃんは絶対長生きする」。ところが、在宅生活が始まって二か月、ななちゃんはいきなり生死の境をさまようことになってしまう。

多臓器不全に陥り、入院。検査をしてみると、肝機能の数値が恐ろしいことになっていた。ななちゃんの体力を考えると、呼吸を保つための手術もできない。島津医師は、また言いにくいことをパパとママに伝えなければならなくなった。

「ななちゃんにこれ以上の治療をすることは難しいし、ななちゃんにとっても苦痛かもしれません。そのことについて、ご家族はどうお考えですか?」。つまり、人工呼吸や心臓マッサージなどの延命措置をするかしないか、ということだ。でもママは、この質問に答えられなかった。代わりに、「いや、ななちゃんは大丈夫です」と答えた。

これまでだって、ななちゃんは何度も危機を乗り越えてきた。だから今度も大丈夫。最期の時なんてない。だから「最期はどうするか」なんて聞かれても、答えようがないと思った。

でも島津医師は続ける。

「いや、お母さんの気持ちはわかりますが……」

「いいえ、大丈夫です。絶対大丈夫!」

だんだんけんか腰になってくる。見かねたパパが、ママの耳元で「しっかりしろ」とつぶやいた。

ママはもう、何も言うことができなくなった。そこにいる医師や看護師全員が、「もうダメだ」とあきらめているような気がした。でも、母親の自分が「もうダメだ」と思ったら、ななちゃんの命をあきらめない人が誰一人いなくなってしまう。だから、最期の時はこうしてくださいとは、自分の口からは何があっても言えない。

ママは、わらにもすがる思いで、「この人工呼吸器、使えないんですか?」と聞いた。ベッドのそばに置いてあった人工呼吸器は、ななちゃんがもう少し状態がいいときに、肺や心臓の負担を軽くできないかと島津医師が準備しておいたものだ。しかし、症状が急激に悪くなったので、使うタイミングがなくなっていた。というよりも使っても助からないだろうと誰もが思っていた。

お母さんの悲鳴にも似た提案に、「そこまでしなくても」「助からないのに」と心の中で誰もが思ったが、マスクによる人工呼吸管理は開始された。ところが、ななちゃんはここから、奇跡の回復を見せる。人工呼吸によって肺の負担が減り、心臓の負担が減ったからと考えられるが、島津医師は「ななちゃんの生命力の強さのおかげ」だと思っている。

命を取りとめたななちゃんを見て、ママは思った。

「ほら、やっぱり大丈夫だったでしょ」

こうしてななちゃんは、在宅生活で訪れた最大のピンチを乗り越えた。

人と人とのお付きあい

いま、ななちゃんのおうちには、のべ八人の訪問スタッフが出入りしている。毎日午前中、訪問看護師や理学療法士などがやってきて、お風呂に入れてくれたり、リハビリをしてくれたりする。

ななちゃんは、リハビリをしてくれる理学療法士があまり好きではない。筋肉や関節を動かす〝痛いこと〟をするからだ。このスタッフが来ると、姿を見ただけで顔をゆがめて泣く。でも、スタッフのほうは、ななちゃんが大好き。「いつになったら好きになってくれるかなあ」と、すまなさそうな顔をしながらリハビリをする。

一方、中本看護師に抱っこされているのは好きだ。腕に抱かれてゆらゆらしていると、こわばった手がだんだん緩んできて、体の緊張が解けていくのがわかる。でも布団に下ろすと「なんで抱っこをやめるの?」と泣き出す。

ななちゃんは、ステップ♪キッズのスタッフをよく見ている。この人には甘えてみよう、この人には泣いてみようと、いろいろな「お試し」をする。そして横目でチラリと反応を見るのだ。

ちなみに、島津医師のことは、理学療法士同様、あんまり好きではない。診察で〝痛いこと〟

をするからだ。島津医師はそれをわかっていて、「ななちゃん、バ～」と言って、ときどきななちゃんを泣かせる。

訪問看護の時間には、他愛のないコミュニケーションが繰り広げられている。でも、ななちゃんのおうちに来るスタッフは、ある程度経験を積んだ訪問看護師だけだ。重症度の高いななちゃんに接するには、訪問看護を始めて間もないスタッフではまだ無理。そのあたりのことは、ステップ♪キッズのチーフである中本看護師が判断する。

ななちゃんはときどき、「泣き切る」という状態になる。激しく泣きすぎて、呼吸が止まってしまうのだ。こうした状況に対応できなければ、ななちゃんの訪問看護は務まらない。

ママは言う。「訪問サポートも何もなくて、ななちゃんを家に連れて帰ることなんて、ちょっと想像できないですね。看護師さんは毎日来てくれるし、島津先生も定期

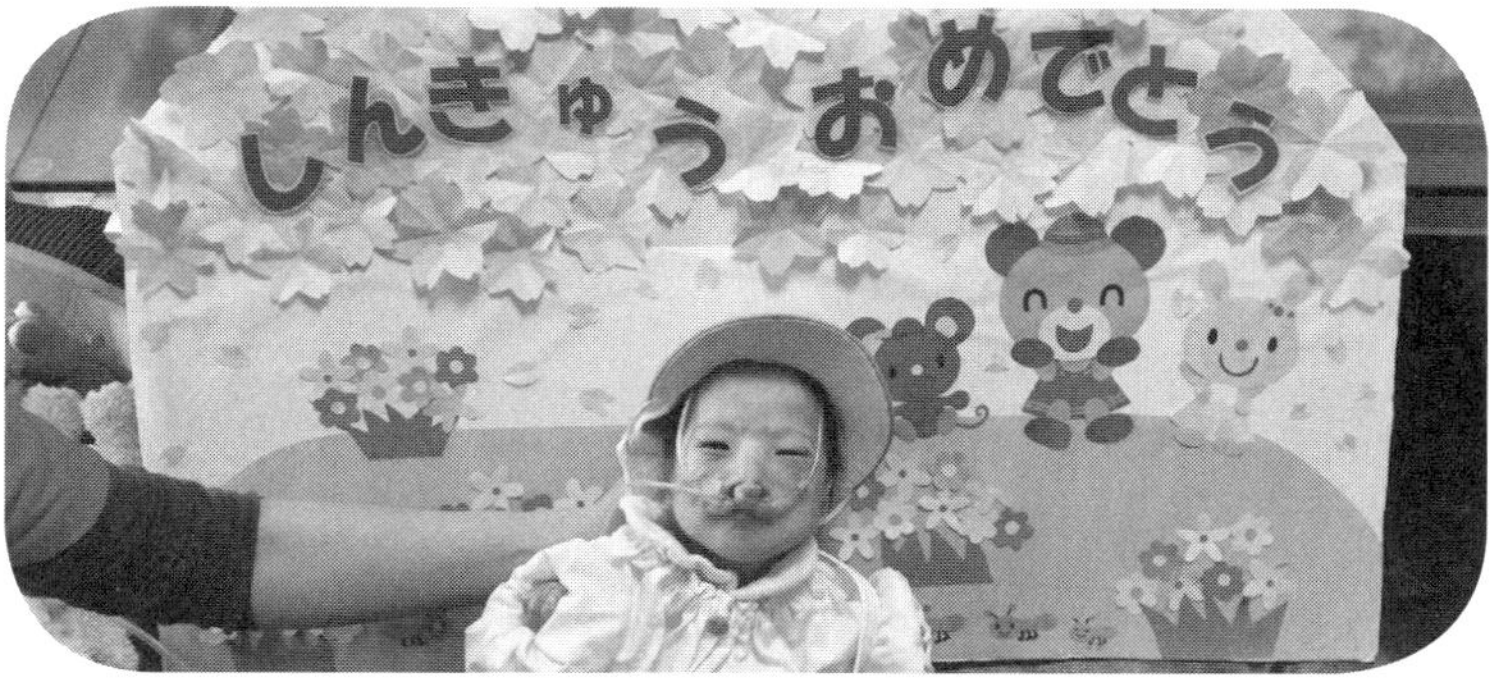

ステップ保育園入園

的に来てくれる。ちょっとくらい熱が出ても、明日看護師さんが来たら聞けばいい、という余裕ができます。もし誰も来てくれなかったら、ものすごく不安ですよね」

スタッフたちは、医療的な関わりだけでなく、ななちゃん一家と家族ぐるみのお付きあいもしている。ななちゃんが三歳になったとき、ママは「保育園にななちゃんを入園させられないかな」と思った。でも、実際には無理なことはわかっていた。すると、その思いを知ったスタッフたちが、「入園、うちがやろう！」ということになった。

そうなるともう、みんなノリノリだ。保育園のスモックを作る人、幼稚園バッグや帽子を用意する人、みんなで手作りしたものを持ち寄り、バーチャルな入園式が行われた。もちろん、記念写真も撮った。ななちゃんは晴れて、「ステップ保育園」という仮想保育園の園児になった。

誕生日が近づくたびに

ななちゃんが三歳のとき、一家はマイホームを買って引っ越しをしている。少しでも長い時間、ななちゃんときょうだい、パパとママで、楽しい時間を過ごしたかったからだ。

新たな引っ越し先は、中本看護師の住まいのすぐ近く。ななちゃんのうちによく来るもう一人の看護師、石橋看護師の自宅もすぐ近くだ。何かあったら、二人のうち、どちらかが五分で駆けつけられる距離だ。

引っ越しするとき、ママは「こんなことが助かった」と話してくれた。

ななちゃんのそばには、酸素を供給する機械が常に置かれている。酸素濃度を測るパルスオキシメーターも必要だ。お風呂に入るときには、酸素チューブをつけたまま、バスルームに移動しなければならない。そんなこんなを考えて、ななちゃんが生活する場所を決めなくてはならない。そのためには、コンセントの位置や部屋の間取りが重要。その相談に、ステップ♪キッズのスタッフが乗ってくれた。

「玄関に段差がないほうがいいよ」と教えてくれたのもスタッフだ。ママはもともと、隣の家を購入しようと思っていた。でも、玄関に大きな段差があったので、このアドバイスをもとに、いまの家を買うことに決めた。「結局、この家もちょっと段差があるんですけどね」とママは笑う。でも、自分が気づかないことを指摘してくれたのはうれしかったと話す。

また、島津医師の提案がきっかけで、誕生日にはアンパンマンと遊ぶこともできた。ネクステップにできた学生部門「ドリカムキッズ」が、それをかなえてくれた。ドリカムキッズでは、学生

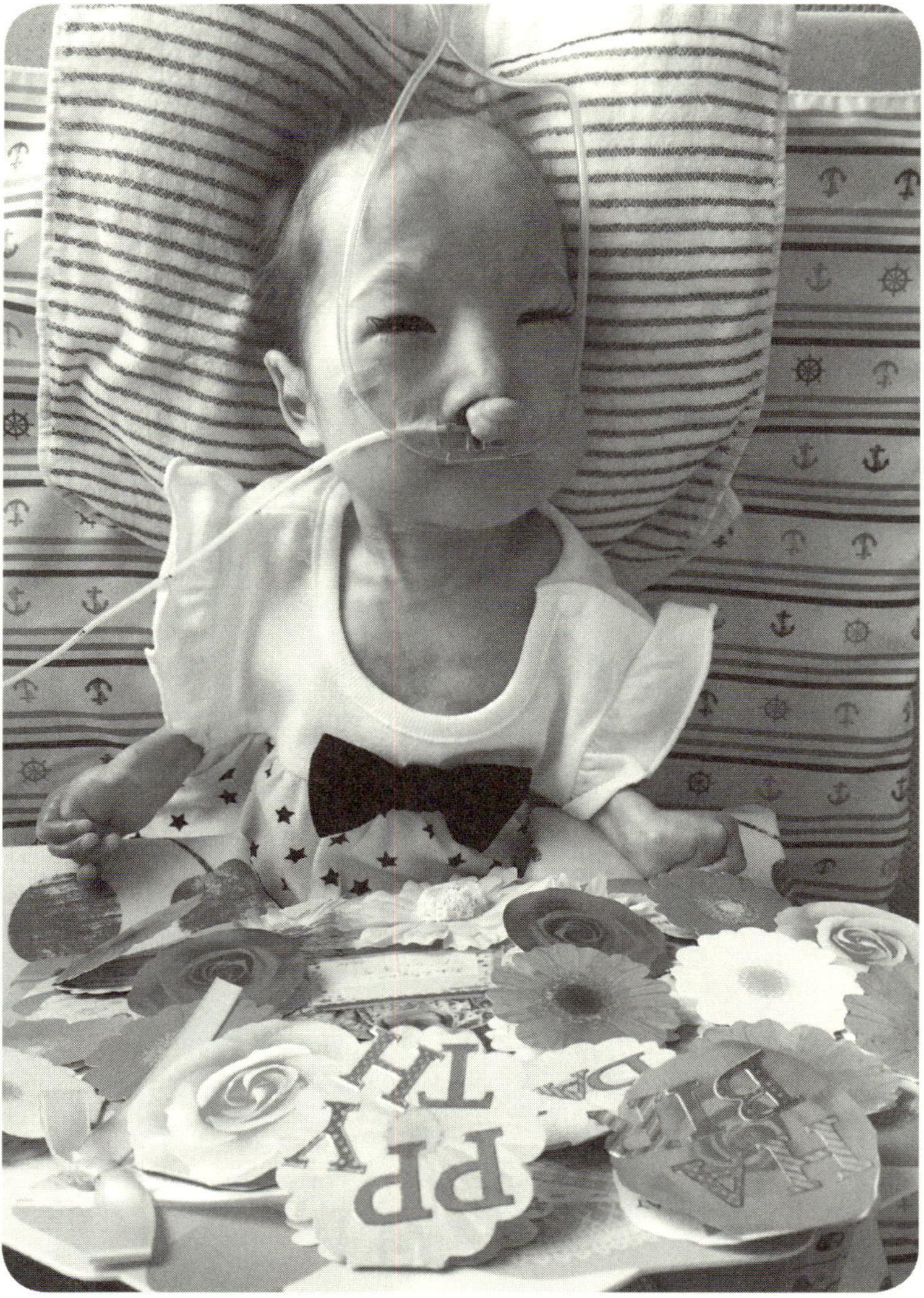

誕生日プレートをもらってどや顔のななちゃん

たちが主体となって、テーマパークへの外出のお手伝いをしたり、自宅でいっしょに遊んだり、座位保持装置※のまま利用できるお店を探したりという活動をしている。

ななちゃんにもその学生チームが関わり、二歳の誕生日には、アンパンマンやドキンちゃんの着ぐるみを着た学生たちが駆けつけ、アンパンマン体操でいっしょにお祝いをしてくれた。家と病院以外に初めて出かけた外出先でのサプライズだった。これは本当にうれしかったとママ。その後、「ななちゃんの誕生日ケーキは毎年一段ずつ高くしていく。四歳は四段、五歳は五段」というママの希望に応えて、四歳の誕生日は学生たち手作りの四段のケーキで、五歳の誕生日は中本看護師手作りの五段のケーキでそれぞれお祝いした。六歳の誕生日にはどんなお楽しみが待っているのかな、とママは思っている。

楽しいことをたくさん経験してきたななちゃんとその一家。でもママは、ななちゃんの誕生月である一〇月がくるたびに、ものすごく落ち込む。「誕生日がくるのはうれしいことだけど、ななちゃんの場合、また一歩命のゴールが近づいた、ということ。私たちと過ごす時間が減ってしまったという気がしてくるんです。そうすると、すごく悲しくなる。一〇月以外の一一か月は、私す

※座位保持装置…体幹や四肢の障害により座位を保持することができない人が日常生活や移動のために使用する装置で、座位保持装置型車いすやバギーと呼ばれることもある。

ごく元気なのに、一〇月はいつも落ち込んでいます」

そんなとき、ママはたまらず、ステップ♪キッズに泣きながら電話する。ななちゃんの前では決して泣きたくない。だから、ななちゃんを誰かにみてもらっている間に、こっそり携帯から電話をかける。

ママから落ち込んだ様子の電話がかかってくると、スタッフはよく心得ていて、中本看護師か石橋看護師に電話を回す。石橋看護師は優しく「うんうん。そうね」とママの話を聞いてくれる。中本看護師は逆に「よ〜し！　負けるな！」と活を入れてくれる。いろいろなタイプのスタッフがいて、それぞれの個性を発揮してくれる。

ママは電話のあと、思い切り泣いて、思い切り

5歳の誕生日は5段のケーキでお祝い

話を聞いてもらったことで、すっきりするのだと言う。そして「またがんばろう」という気持ちになる。

夢は「ななちゃんコラボ」

ママは、ななちゃんといっしょにやってみたいことがある。「馬に乗ること」だ。たまたま近所にホースセラピーをやっているところがあり、まずお兄ちゃんとお姉ちゃんを連れて行った。すると、なんとそこにいる一頭の馬が「ななちゃん」という名前だったのだ。「これはもう、ななちゃんを乗せるしかない」と思った。

でも、難しいことはわかっている。乗りたいな、というと、さすがに中本看護師から「待った」がかかった。普段は元気にしているななちゃんだが、やはり、いつもと違うことに挑戦するときにはリスクが伴う。ななちゃんの体調をみながら、慎重に計画を進めて、いつかはななちゃん同士のコラボ乗馬をかなえてみたいな、と思っている。

ママは、月に七日ほど、ななちゃんを病院にレスパイト入院させている。なるべく土日にするようにしているのは、お兄ちゃんとお姉ちゃんのためだ。ななちゃんがいると、どうしても遠出はできない。だから、レスパイトしているときに、二人を遊びに連れていく。

このときばかりは、二人のテンションがすごく高い。お兄ちゃんもお姉ちゃんも、普段はななちゃんをかわいがりつつ、どこかで遠慮している。でも、レスパイトのときは、パパやママに思い切り甘えられるからだ。こうした時間も、家族みんなで長く在宅を続けるためには必要だ。

でもママは正直、「早くななちゃんを病院に迎えに行ってあげたい」と思う。「ねえ、ちょっとななちゃんに会いに、病院に行っていい?」と二人に聞くと、「ななちゃんには看護師さんがおるでしょ。ぼくにはママしかいないのに〜」と泣きつかれる。日曜日が終わる頃にはぐったり。「これって本当に休息になってるのかな…」とよく思う。

レスパイトが終わり、ななちゃんを迎えに行くとき、ママはとてもうれしい。またみんなで生活できる。ななちゃんの顔を見て過ごせる。ママは「ななちゃんには、ほんと、癒される」と言う。そして、こう話しかける。

「だって、ななちゃん、かわいいけん」

Smile 6

もし病気でも大丈夫

アラームと暮らす生活

しゅり君とりょうが君は、三歳違いの兄弟だ。二人とも男の子だが、似合うファッションはちょっと違う。しゅり君は、男っぽいアーミー柄、りょうが君は、まだ小さいからか、赤や黄色のビタミンカラー。二人のベッドのまわりや人工呼吸器のパイプには、カッコいいファブリックやかわいいデコレーションがいっぱいだ。

脊髄性筋萎縮症1型。これが二人の病名だ。遺伝性の病気で、筋力低下や筋萎縮のため、自分で手足を動かすことができない。食べ物をごくんと飲み込むことも、自分で息をすることも上手にできない。脊髄性筋萎縮症の中でも一番重いのが1型で、人工呼吸器を使わないと二歳まで生きることができない難病だ。もちろん二四時間の完全介護がいる。

でも、しゅり君もりょうが君も、ある意味、とても〝おしゃべり〟だ。この病気の特徴は、体は動かないけど、知能は正常なこと。まだ一歳にならないりょうが君は、赤ちゃんのように無邪気だが、四歳になるしゅり君は、目で自分の気持ちを伝える。

「ドキンちゃん、好き?」

そう言ってドキンちゃんのぬいぐるみを見せると、しゅり君の目が、わずかに動く。

「じゃあ、アンパンマンは？」

アンパンマンのぬいぐるみを目の前に持っていくと、しゅり君の目がヒュンと大きく上に動いた。

「そっかあ。ドキンちゃんよりアンパンマンが好きなんだ〜」

リビングににぎやかな笑い声が響く。

脊髄性筋萎縮症の子を二人も在宅で見ている家は、あまりない。何しろ、頻繁に痰を吸引しなければならない。痰がたまれば人工呼吸の妨げになるからだ。でもこれが大変。しゅり君が終わればりょうが君、りょうが君が終わればまたしゅり君と、手が空く暇がない。昼だけでな

く、夜も同じ。パパもママも、睡眠不足とのたたかいだ。「痰の吸引は人工呼吸器のアラームが知らせてくれるんですが、二人のアラームがピーピー鳴りっぱなしのときもありますよ」とママは言う。

この大変な生活を、パパとママは選んだ。施設に入所するという方法もあったけど、やっぱり家に連れて帰って、いっしょに暮らしたかった。迷ったこともあったし、今でも大変さに押しつぶされそうになることもあるけど、シュー、シューと人工呼吸器の音が響くリビングで、パパとママは「やっぱりおうちで良かった」と思い返す。

原因不明

しゅり君は、一月二日の夕方、地元の産婦人科で生まれた。生まれたときの泣き声は弱々しくて小さかったが、体重は三一五〇グラムと正常。出産を終えたママの体を休ませる意味もあって、一晩だけ保育器に入ったが、三日目からはママのベッドの横で過ごすことになった。しゅり君は、よく眠っていた。穏やかで幸せな母と子の時間が流れた。

真夜中。しゅり君が泣き出した。でもママは「赤ちゃんだから泣くのは当たり前」と思い、あやしていた。でもそのうち、しゅり君の顔が紫色に変わってきた。「たくさん泣くとこんなふうになるのかな」とママは思ったが、念のために看護師さんを呼ぼうと、ナースコールを押した。

看護師がやってきて、診察のためにしゅり君を連れていった。一人ポツンと病室に残されたママは、「大丈夫かな……」と心配になった。その心配は的中。調べた結果、しゅり君は酸素濃度が低く、低体温であることがわかった。すぐに別の病院のＮＩＣＵに運ばれることになった。

明け方、しゅり君がＮＩＣＵに搬送されるという電話を受けたパパは、すぐに病院に駆けつけた。しゅり君は再び保育器に入っていた。でも、一時は真っ青だったしゅり君の顔も、保育器に酸素を入れてやることで落ち着いた。一日経つと、保育器から出してもいいのでは、というくらいまで回復した。

しかし、パパとママは、医師からこう告げられた。「原因がわからない」。呼吸が弱くて息がしづらいのはわかったが、何の病気なのか不明。そのうち、しゅり君の呼吸はどんどん苦しそうになっていった。

「原因を調べるために、本人に負担の少ない検査から始めてみましょう」。医師はそう言って、しゅり君の症状の原因を調べ始めた。まずは血液検査からだ。これは異常なし。次は染色体検査。

これも異常がなかった、MRI、遺伝子配列の検査も行ったが、異常はない。医師は「筋生検※をやってみれば、わかるかもしれない」と言い、しゅり君の筋肉の細胞を調べた。

ママは、可能性のある病気として、三つくらいの病名を医師から挙げられていた。その病気について、必死でインターネットで調べた。すると、しゅり君の症状や様子から「この病気に似ている」と思い当たるものが見つかった。それが、脊髄性筋萎縮症だった。

結局、しゅり君の病名は、ママが思い当たったものと同じだった。判明するまで、五か月間の時間がかかった。

抱っこもできない

ママは、自分たちに病気の子が生まれるなんて、想像もしていなかった。自分も健康体だし、夫も健康体。生まれてくる子も当然、元気な赤ちゃんだと思っていた。たとえ病気であっても、それは必ず治るものだと信じていた。

でも、目の前のしゅり君が、現実を訴えてくる。しゅり君は呼吸がとても苦しそうで、見ているほうもつらくなるほどだった。抱っこしても苦しがるので、抱っこもできない。パパもママも、すごく胸を痛めた。

パパはそれまで、夜遅くまで残業するのが当たり前だったが、しゅり君が生まれてからは、そんな生活とはすっぱり縁を切った。職場の人たちの協力を得ながら、仕事が終わったあと、車で一時間はかかるＮＩＣＵに毎日通い続けた。

時間が経つにつれ、しゅり君の呼吸は苦しさを増した。酸素マスクだけでは間に合わなくなり、口からチューブを入れる気管挿管をしなければならなくなった。「しゅりはたぶん、気管挿管がすごく不快だったんでしょう。本当に苦しそうにしていました」とパパとママ。その様子を見ていたから、医師から気管切開の説明を受けたとき、「やるしかない」と思った。

気管切開したことで、しゅり君には「おうちに戻って生活する」という選択肢が増えた。もう一つ、「施設で暮らす」という選択肢も加わった。病院側からも、ＮＩＣＵを出たあとの暮らし方として、在宅で生活する案、施設に預ける案の両方を提案された。

※筋生検…筋肉の組織の一部を取りだし、顕微鏡で観察する検査

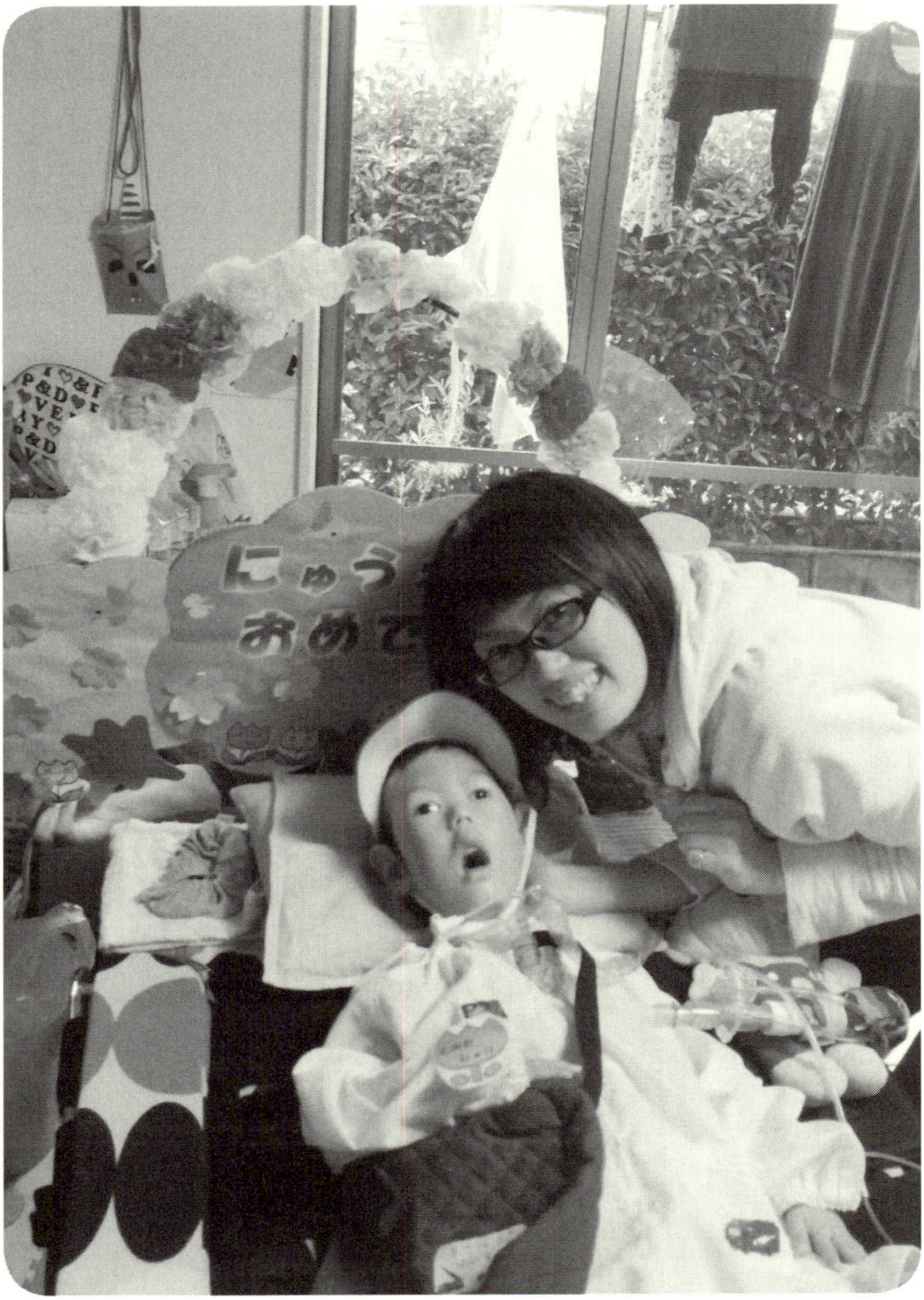

スラップ保育園へ入園（3歳）

ステキな施設だけど…

パパとママは、熊本にある小児専門の療育センターを見学することにした。とても大きな施設で、職員もみんな感じが良かった。にぎやかで明るくて、すごくいい施設だと感じた。でも二人とも「何か違うな」と思った。

パパは、しゅり君の病気をいろいろと調べる中で、「脳に異常はない」ということを突き止めていた。療育施設には、しゅり君とは違って、元気に歩き回っている子もいたが、知的な障害がある子が多いなと感じた。そもそも障害の程度はそれぞれ違うのに、同じ施設でみるのは、しゅり君にとっていいことなのだろうかと思った。

ママは、施設への入所はあまり乗り気ではなかった。かといって、家に連れて帰って在宅でわが子をみるのも不安だった。どっちつかずの気持ちのまま、「見られるものは全部見ておこう」と、施設見学に行ったのだ。実際に見学に訪れ、寝たきりの子どもたちの中に、歩き回っている子を見て、ママはパパとは違った印象を抱いた。「こんなに元気に動き回る子どもたちを見て、体が動かないしゅりは、どう思うかな……」

施設ではなく、在宅で暮らす案をとるなら、在宅支援を行っている熊本再春荘病院がいい。そう聞いていたパパとママは、熊本再春荘病院にも足を運んだ。小児の在宅支援を行っているところが、近くではその病院くらいしかなかったというのもある。それに、子どもを預けられる体制もあるというので、ここは行っておかなければと思った。

島津先生に会って、パパとママはこう言われた。「施設が悪いわけじゃないけど、迷ってるなら、おうちがいいですよ。家族はいっしょにいたほうがいいですから」。そして「旅行に行きたいときや、二人目が生まれるときも、全力でサポートしますよ」と言ってくれた。

パパもママも「しゅりを自宅に連れて帰りたい」という思いが強かったので、この言葉はうれしかった。でも連れて帰りたい気持ちと、自分たちだけで在宅ケアできるかどうかは、また別だ。みんなで暮らせたらどんなにいいだろう、という反面、在宅の大変さに思いをはせると、なかなか踏み切れなかった。

在宅生活を具体的にイメージできなかったのも、二人を不安にさせた。どんな一日を過ごすのか、さっぱり見当がつかなかったし、何より「在宅でちゃんと生活できている自分たち」を想像できなかったのだ。

ＮＩＣＵでは、二四時間体制で看護師がしゅり君のケアをしてくれていた。夜中でもしゅり君の痰の吸引は必要。家に帰れば、それを自分たちでやらなければならない。

「たぶん、寝れないんだろうな、と思いました。夫婦のうち、どちらかが夜通し起きていないといけないですよね。そんな生活、どうやってするのかなって」

しゅり君と同じ病気をもつ子の家にも、見学に行った。お母さんはとても明るい人で「在宅？ ああ、できるできる」と軽快に答えてくれた。お風呂に入る様子も見せてもらった。そのときに来ていたのが、ステップ♪キッズの中本看護師だ。「こんなふうに、訪問看護も入るんですよ」とお母さんは教えてくれた。ようやく、パパとママは、在宅生活が少しだけイメージできた。このとき、パパは中本看護師に「お世話になると思うので、よろしくお願いします」とあいさつしていた。

迷いはあったが、「連れて帰りたい」という思いに突き動かされ、パパとママは、熊本再春荘病院での在宅移行支援を受けることにした。痰の吸引などのノウハウを覚えたら、病院の個室に一泊〜二泊し、看護師に頼らないで夜を過ごす。夜、本当に自分たちだけでケアができるかどうか、病院内で試してみるのだ。そのあとには、二泊三日自宅に外泊し、在宅体験をしてみる。在宅生活と同じ環境下に自分たちをおいてみるのだ。

この二つを体験してみて、二人は思った。「やっぱり無理」。でも、移行支援ではスケジュールが決まっており、退院の日はもう決まっていた。それに、無理だと思いつつも、自宅に帰りたい気持ちに変わりはない。

「もう一回、在宅体験をやってみたい」。二人は島津医師にお願いしてみた。実は、新しい吸引チューブを試してみたいという気持ちもあった。前回の在宅体験では、一般的なチューブを使ったが、それだと吸引をするたびにチューブの付け外しや消毒が必要で、とても手間がかかる。でも、今回のチューブは付けっぱなしでOK。多少お金はかかったが、やってみるとかなりラクだった。

とはいえ、「もうこれで大丈夫！」という自信はつかなかった。そんな二人を見て、島津医師は「不安だったら、何度でも在宅体験を試してみていいですよ」と言ってくれた。

揺れる気持ち

いまは笑いながら話せるが、パパとママは、お互いの「気持ちの食い違い」を経験している。

ママはしゅり君がＮＩＣＵにいるとき、「どうしても連れて帰りたい」とパパに訴えたことがある。パパはそれを聞いて、「ママがやりたいように、ママの希望に沿うように、連れて帰れるよう、がんばろう！」と思った。でもママのほうは、在宅生活の大変さがわかるにつれて自信がなくなっていき、「やっぱり無理かな……」と言い始めた。パパとしては「え〜っ？　あんなに『連れて帰る』て言ったじゃん。こっちはすっかりその気だったのに」という心境だ。「気持ちが揺れてたんですよね」と、ママは笑いながら、すまなさそうにパパを見る。

もう一つ、覚えていることがある。ママの父親、つまり、しゅり君のおじいちゃんが、「施設に預けたほうがいいだろう。連れて帰るなんて大変過ぎる」と、在宅に反対したのだ。おじいちゃんは、娘であるママが心配だった。在宅での過酷な生活で、ママがまいってしまってはいけないと思い、施設を勧めたのだ。

でも、しゅり君のことで頭がいっぱいだったママは、娘を思う親心に気づけなかった。そして、「しゅり君を施設に」と言うおじいちゃんの言葉に、涙が止まらなくなった。

「なぜ自分の子を連れて帰ってはいけないの？」。ママは泣くばかりで、その思いを面と向かっておじいちゃんにぶつけられなかった。でも心の中は、こんな気持ちでいっぱいだった。「なんで施設に預けろなんて言うの？　いっしょにうちに連れて帰って、みんなでがんばろうねって、お父さんには言ってほしいのに……」

なんでかわいがってくれんと？　ママはおじいちゃんに反発心を抱いた。でもパパはわかっていた。おじいちゃんは、娘を思って言ってくれているんだなあと。

そんなおじいちゃんが、いま一番、しゅり君をかわいがっているという。

ステップ♪キッズは、しゅり君が退院したその日から訪問看護に入っている、月曜日から金曜日の午後一時半から三時まで、看護師とヘルパーの二人がやってきて、しゅり君の健康状態をみてくれたり、お風呂に入れてくれたりする。

パパとママは、在宅生活のリズムをつくるため、自分たちである程度スケジュールを組み立ててみた。昼間はママのほかに訪問スタッフがしゅり君をみてくれるが、夜はパパとママの二人だけだ。だいたい午前〇時から一時くらいに胃ろうから栄養注入をする。次は四時に一回起きて、しゅり君の体位を変える。その後は六時から七時くらいの間に朝の栄養注入をする。その間、呼吸器のアラームが鳴ったら、起きて吸引する。でもママは、四時から九時くらいまでは、できるだけ寝るようにする。

それにしても、夫婦二人だけの在宅生活でなくて本当に良かったと、パパもママも思っている。

「もし二人だけだったら、暗い毎日を送っていたでしょうね。看護師さんやヘルパーさんがうちに来てくれて、他愛のない会話をしてくれるのが、すごくありがたいです」

パパは、「誰かが自宅に毎日来てくれるって、母親が社会に接するいい機会にもなるんです」と言う。もし訪問看護が入らなかったら、しゅり君の世話に追われるママは、自分以外の人と一生しゃべらなかったかもしれないとパパ。訪問看護は、お母さんと外の世界とつなぐ架け橋でもあるのだ。

・͜・ 二人目の子ども

無理だと思っていた在宅生活も、一年くらいやってみると慣れてきた。そして二年が経ち、しゅり君が三歳になったころ、パパとママはふと思った。「そういえば、しゅりは大人としか接していない」。しゅり君と日常的に接しているのは、パパとママ、そして訪問のスタッフ。みんな大人だ。同年代の子どもたちと接する機会がまるでない。

日中、ママがしゅり君と二人で過ごしていると、近所の子どもたちの歓声や笑い声が外から聞こえる。「あの声を聞いて、しゅり、どんな思いでいるんだろうな」。ママは切なくなってきた。いっしょに遊ぶことはかなわなくても、あのにぎやかな声の輪の中に、しゅりを入れてあげたい。そんな思いが込み上げてきた。

それからだ。それまではまったく考えていなかった「二人目の子ども」という文字が、パパとママの頭に浮かんだのは。

脊髄性筋萎縮症は、遺伝性の病気だ。しゅり君と同じ病気で生まれてくる確率は、四分の一。元気な子が生まれてくればいいけど、もしまた脊髄性筋萎縮症の子が生まれてきたら、今度こそ在宅での生活は無理だ。パパはそれが一番心配だった。

一方ママは、その心配よりも、「もしも病気でない子が生まれたら、その子に友だちができて、家に遊びに来てくれる。そしたら家中がにぎやかになって、しゅりもさみしい思いをしなくてすむ」という将来像を思い描いていた。

元気で生まれてくる場合、そうでない場合、どちらも考えた。でも、しゅり君にきょうだいをつくってあげたいという思いが勝った。しかし、実際に産むとなると、きちんと考えておかなくてはならないことがあった。ママの産前産後のことだ。この時期、ママはどうしても第二子を産むことに時間を費やす。しゅり君の世話が手薄になる。

いつも来てくれる訪問スタッフに、世間話をするような感覚で軽く聞いてみたところ、「島津先生に一度相談してみたほうがいい」とアドバイスされた。二人目の話を聞いた島津医師は、こう答えた。「大丈夫ですよ。出産前の一か月と出産後の一か月はしゅり君を病院で預かりますよ。それ以外にも自宅で何か緊急事態があったときには、救急車を二台呼んで、お母さんは産科に、しゅり君はうちの病院に運んでもらえば大丈夫ですから」

間もなく、ママは身ごもった。お腹の子が脊髄性筋萎縮症かどうか……。実は、脊髄性筋萎縮症は出生前に遺伝子検査が可能な病気なのだが、しゅり君の遺伝子異常は特殊なパターンであったために、生まれるまでお腹の子が病気かどうかわからなかった。

唯一の目安となるのが胎動。この病気の子は、胎動が他の子と比べて少ない。しゅり君も、いま考えれば胎動が少なく、「あ、お腹をけった」ということがほとんどなかった。初産だったため「こんなものだ」と思っていたが、今度はしゅり君のときと比べてどうか、お母さんが身をもってわかる。

医師からは「胎動が一〇回あるのに何分かかるか、数えてください」と言われた。一、二、

しゅり♡りょうが

三……と数えているうち、途中で動かなくなったこともある。「ん？　この動きは、カウントに入れていいのかな？」と迷う小さな動きもあった。

妊娠中の健診では「大丈夫ですよ」と言われ続けた。でもママは、完全には安心しなかった。しゅり君のときも、健診では「お腹の子は元気です」と言われていたからだ。胎動の回数が少ないことについて相談したら、当時かかっていた病院の医師は「そう思うのは、家事をしながらではなく、ソファーに落ち着いて座って数えていないからでは？」と言った。だから安心していたのに、生まれてきたしゅり君は病気だった。

「心配なら、ＮＩＣＵのある病院に行ったらどうでしょうか、いざというときも、そこなら安心ですよ」と産科の医師は勧めてくれた。ママは、普通に出産したいという思いから「いや、赤ちゃんは元気なので大丈夫です」ときっぱり答えたが、医師は用心には用心をと考えて紹介状を書き、ママはしゅり君がいたＮＩＣＵのある病院に移ることになった。

パパとママは、脊髄性筋萎縮症の子が生まれる確率が四分の一なので不安に思っていることを、病院側にしっかりと伝えた。だから病院では、お腹の赤ちゃんのことをしっかり診てくれた。エコー検査では、舌が動いているかどうかもちゃんと確認した。「動きは悪いですが、ちゃんと動いていますよ。問題ないと思います」という結果だった。

生まれる直前まで、産科の医師たちは「お腹の子は病気ではないと思う」とパパとママに告げていた。でも二人は、胎動が弱いことがどうしても気になっていた。そこで、しゅり君の担当だったＮＩＣＵの先生に相談すると、「心配なら、ぼくも出産に立ちあいますよ。何かあれば、ぼくがすぐに対応できますから」と言ってくれた。

出産当日。二人目の子がこの世に誕生した。生まれる直前までは、きっと元気な子だ、と思っていた。でもママは、生まれたばかりのわが子の弱々しい声を聞いて、すぐにわかってしまった。

「ああ、しゅりのときと同じだ……」

赤ちゃんの声を聞けて、ママはうれしくて泣いた。でも、病気であることがわかって、悲しくて泣いた。

声を聞いていたい

二人目のりょうが君が生まれて、パパとママは、「この病気は、妊娠中には本当にわからないんだな」と思った。しゅり君のときは、「胎動の数え方が良くないのでは」と言った病院を恨んだが、りょうが君を産んだ病院は、高度な医療をもつ総合病院。そこでも、りょうが君の病気を出産前に見抜くことはできなかった。

りょうが君は当初、他の子と同じように、ミルクも口から飲んでいた。しゅり君のときとは違って、見せる反応も普通の赤ちゃんと同じだった。だからパパとママは、「このままうちに連れて帰ろう」と思った。でも、それを決めて間もなく、りょうが君はしゅり君と同じようにゼイゼイと呼吸が苦しそうになり、ミルクも飲めなくなった。

酸素マスクをして、しばらく様子を見た。医師からは「マスクをした状態だと、病院での管理が必要なので自宅には戻れません。もし家に帰るのなら、気管切開して人工呼吸器を使えるようにしてからです」と告げられた。

人工呼吸器の生活は、しゅり君でもう慣れている。だから早く手術を受け、りょうが君を家に連れて帰ろうと思った。でも、いざというときになって、ママは戸惑った。りょうが君は、しゅり君よりも症状が軽く、あ、あ、という赤ちゃんらしい声を出していた。その声を、少しでも長く聞いていたいと思った。気管切開したら声が出せなくなるから、もうその声は聞けない。

パパは思った。「早く連れて帰りたいと思っているのは、親のほうだ。幸い、りょうがはまだそれほど呼吸を苦しがってはいないし、酸素マスクでなんとかやれている。一か月早く連れて帰ることよりも、声が出ているいまのいい時間を大切にしたい」

そのときパパは、育児休暇をとって、自宅でしゅり君をみていた。ステップ♪キッズの訪問スタッフも、変わらず訪問看護に来ていた。パパはスタッフに、りょうが君の状況や、気管切開するかどうか迷っていることを相談した。スタッフからは「ああしなさい、こうしなさい」という指示はぜんぜんなかった。代わりに、パパとママが思うようにすればいいですよ、と答えてくれた。でも、パパはそれでよかった。

「答えを聞きたいわけじゃないんです。ただ『ぼくたち悩んでいます』という話を聞いてもらいたかったんです」

生まれて五か月、りょうが君は気管切開し、自宅に戻ることになった。熊本再春荘病院での在宅移行支援は三泊四日ですんだ。しゅり君のときは四か月かかったが、そこは慣れたものだった。

・◡・ 楽しく過ごそうよ

パパの九か月間の育児休暇が終わる直前、二人で「パパが仕事復帰したあとの生活」を疑似体験しようと、ママを一人で自宅に残して、パパは朝から歯医者に出かけた。

家には、しゅり君、りょうが君、そしてママの三人。実際に過ごしてみて思った。「泣きそう……」。パパがいれば、ママがしゅり君、パパがりょうが君といった役割分担ができた。でも、いないと、全部ママがやらなければならない。一歳になっていないりょうが君は、親がそばにいないと寂しがって泣く。泣くと痰が増えて吸引回数が増える。そちらの世話で忙しくしていると、しゅり君の脈拍数が意味不明に上昇する。アラームはピーピー鳴りっぱなし。りょうが君を抱っこしてしゅり君のほうに移動したいけど、りょうが君には人工呼吸器がついているので、おいそれと移動もできない。ママは途方に暮れてしまった。

それを聞きつけたステップ♪キッズのスタッフは「今は午後に一回だけど、午前中にも一回入る?」と申し出てくれた。でも、どうするかは決めかねている。

「朝って、掃除や洗濯といった家事をしているじゃないですか。そこにスタッフが入ると、家事が止まってしまうんですよね。本当はそんなこと気にせず、家事をやっていればいいんです。でもどこかに『スタッフはうちに来るお客さん』という意識があって、来る前にここを片付けとかなくちゃ、お風呂掃除もしとかなくちゃ、と思ってしまうんです」

ステップ♪キッズのスタッフも、そんなママの気持ちをよくわかっている。どんなふうにするか、パパとママ、訪問スタッフが二人三脚で考えていく。

ママはいま、しゅり君を保育園に行かせてあげたいな、と思っている。やっぱり、外の世界にふれさせてあげたい。同年代の子どもといっしょにいさせてあげたい。その思いはずっとママの胸の中にある。

しゅり君とりょうが君、人工呼吸器がついている二人は、兄弟同士でまだ十分にふれあえていない。でも、どうやらしゅり君は、りょうが君のことが気になっているらしい。「りょうがに親をとられた感もあるんじゃないですかね」とパパ。世の中のお兄ちゃんが必ず通る道を、しゅ

お祭りの馬を前に緊張のしゅりくん・それみて笑顔のお母さん

り君も歩いているみたいだ。

ママはつくづく思う。「ステップ♪キッズがなかったら、二人目を産もうという気持ちすら起きなかっただろうな」。ステップ♪キッズの事務所もすぐそばだし、島津医師のいる熊本再春荘病院も近い。とてもいい環境に恵まれているな、と思う反面、「元気な子が生まれていたら、そんなことも関係なかったよね。ありがたいんだか、ありがたくないんだか」と笑う。

これだけ環境が整っているから言えるんですけど、と前置きした上で、ママはこうも言う。「在宅でも、けっこうやっていけるものですよ。思ったより生活は楽しい。子どもがそばにいることで楽しめること、いっぱいあります」

パパは二人目が生まれる前、ステップ♪キッズのスタッフにこう言われたのを覚えている。

「もしも二人目が病気だったとしても、大丈夫。ここに二人並べて、いっしょに面倒を見よう。私たちもサポートするから。病気だったら病気だったで、楽しく過ごそうよ」

Smile 7

訪問看護、これから必要なこと

ステップ♪キッズ×ドラゴンキッズ

島津智之
Shimazu Tomoyuki

障害がある子の在宅生活を支えるために、訪問看護師が担うべきこと。その一つは言うまでもなく「医療面でのサポートやケア」です。しかしもう一つ、重要なことがあります。それが「メンタル面でのサポートやケア」です。

ステップ♪キッズの訪問看護を利用したお母さんたちは、異口同音に「いろいろ相談に乗ってもらえるのが助かる」と言います。お母さんたちは、在宅移行支援の期間に、栄養注入や痰の吸引といった基本的な手技をマスターします。しかし、「もうこれで大丈夫」と自信満々で在宅生活に入っていくお母さんはいません。みんな不安いっぱいで、心の中でSOSを発しながら、子どものために、家族のために懸命にがんばります。その気持ちをどう支えていくかが、在宅生活を楽しいものにするために欠かせない視点です。

ステップ♪キッズを立ち上げた三年後、私たちはヘルパーステーション「ドラゴンキッズ」を立ち上げました。看護師だけでなく、ヘルパーも訪問派遣するためです。私たちは、ステップ♪キッズとドラゴンキッズに相談支援事業、福祉有償運送を加えて「小児在宅支援事業ステップ」と呼んでいます。

ステップ♪キッズとドラゴンキッズは、車の両輪です。入浴のお手伝いなど、訪問看護師だけでは十分なケアができないと判断したお宅には、訪問看護師とドラゴンキッズからのヘルパーがペアでお宅にうかがいます。ここに、理学療法士や言語聴覚士が加わることもあります。

ヘルパーにできて、訪問看護師にできないこと

障害がある子どもたちの生活は、三つの要素によって支えられています。（次ページ図＝三要素）

一つ目は「生命の安全」。この土台を担うのは、主に医師です。呼吸しづらさやけいれんなど、子どもたちに訪れるさまざまな苦痛を、薬や医療機器を使った治療によって和らげます。まずこれがすべてのベースになります。

このベースの上に、二つ目の「健康の維持」がきます。ここの担い手は、主に訪問看護師です。ステップの利用者は、難病や重度の子が多く、およそ四割が人工呼吸器をつけ、八割以上がチューブを通した栄養注入を行っています。こうした子どもたちが毎日を過ごすためには、医療職である看護師のケアが必要です。特に、NICUを退院して間もない場合や、大きな手術を受けたあとなどは、体調を安定させ、体力をつけていく必要があります。

そして三つ目が「社会生活」。命が守られ、健康が維持されると、遊びや学び、外出といった体験を

通して、人生を豊かなものにしていきます。ここの担い手として期待されるのが、ヘルパーなのです。

訪問看護師が「社会生活」の部分を担うこともありますが、豊かな人生づくりのお手伝いができるのは、やはりヘルパーだと思います。医療だけあれば人は幸せになれるかというと、そんなことはありません。むしろ、看護師が社会生活をサポートする先頭に立ってしまうと、家族は「看護師さんに任せておけばいい」という依存の気持ちが生まれて、親としての自立心が育たないことがあります。

また、訪問看護師ではどうしてもできないことが、ヘルパーにできることもあります。詳しくは、中本看護師があとで述べますが、お母さんが自分の本心をポロリともらす相手は、訪問看護師ではない場合があります。医療の知識がないという点で、より自分たちに近いヘルパー、あるいはボランティア学生に本心を話すことがあります。お母さんたちが求めているのは、いつも「医療的なアドバイス」ではないのです。しゅり君、りょうが君のパパとママのように、ただ悩んでいることを聞いてくれるだけでいい、というニーズもあるのです。

子どもの生活を支える要素

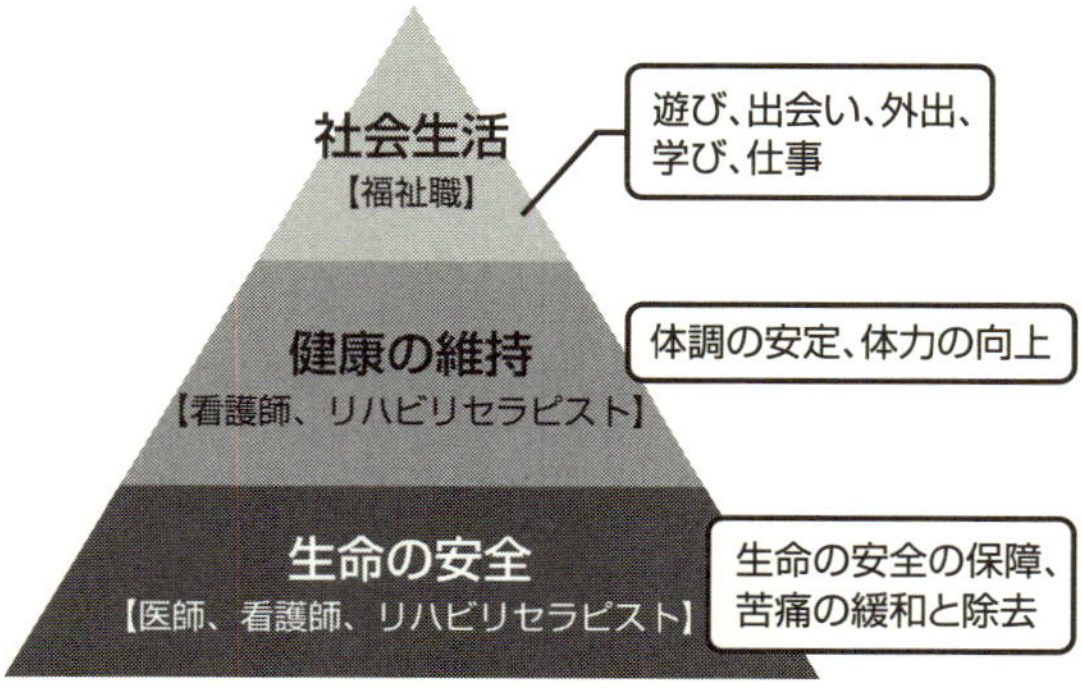

あおぞら診療所　前田浩利先生より

さらに、障害がある子の在宅生活をサポートする上で、一つ困ったことがあります。それは「コーディネーターがいない」という問題です。

高齢者の在宅介護では、ケアマネジャーというコーディネーターがいます。ケアマネジャーが介護の利用計画を立て、それに沿ってさまざまな医療・福祉サービスが提供されます。

しかし、子どもは介護保険の対象ではないので、ケアマネジャーが関わりません。そのため以前は、病院の医師や看護師、あるいは医療連携室のＭＳＷ（医療ソーシャルワーカー）がコーディネートを担っていました。ですが、各方面とのやりとりに手間取り、カンファレンスの調整も大変でした。

最近になって、相談支援専門員が計画相談を行うことが制度化され、子どもの場合であっても、ショートステイや介護サービスの利用計画を立てることが義務化されました。一歩前進ではありますが、ここにもいろいろと問題があります。

まず、ケアマネジャーのように試験があるわけではなく、規定以上の実務経験があれば、たった四日間の講義で相談支援専門員になれます。そのため、利用計画を立てるスキルに差があったり、苦手分野があったりするのです。

在宅生活では、医療だけでなく、ヘルパーのような介護サービスも不可欠です。訪問看護師とヘルパーが子どもをお風呂に入れている間、お母さんが保育園にきょうだいのお迎えに行く、ということができるのも、入浴介助を担うヘルパーがいるからです。医療と福祉、この両方をうまく活用してこそ、笑顔の在宅生活を実現できるのです。そのためにも、一人ひとりの子どもの現状を見て、在宅生活をトータルに見渡し、計画を立てられる人が必須です。

看護師は、医療には強いですが、福祉には弱いものです。でも、子どもたちや家族の生活を考えると、「福祉のことはわかりません」ではすみません。考えてみれば、訪問看護も何もなかった時代、障害がある子のお母さんたちは、すべてを自分たちで調べ上げ、使える福祉サービスや行政サービスを駆使し、在宅生活を送ってきました。ステップ♪キッズの看護師たちは、「もしわが子に障害があったら、福祉のことも絶対に調べるよね」という考えから、福祉制度について勉強を重ねています。相談支援専門員の資格を取った看護師もいます。

介護保険一つでだいたいのことが網羅できる高齢者の場合とは違い、小児の場合は、障害者総合支援法、児童福祉法、医療保険と、さまざまな制度を知る必要があります。この難解さが一つのハードルになっていますが、それを乗り越え、在宅生活をコーディネートできる人材を一人でも多く育てることが、これからの課題です。私たちはいま、この課題をクリアするため、相談支援専門員に小児在宅を知ってもらうための研修会も開いています。

学校との連携の進め方

子どもが大きくなるにつれ、「就学」という新たな課題が出てきます。地域の普通学校に行くか、支援学校に行くかが、ご家族ごとの判断が必要になると思います。どっちを選ぶのがいい、ということでは決してありません。熊本県の場合、支援学校には以前から看護師が配置されています。痰の吸引、経管栄養、導尿など、日常的に必要な医療ケアは行ってもらえます。しかし、状態が悪くなったり急変したときの対応は、配置された看護師ができなかったりと、問題も山積みではありました。

人工呼吸器がついた子どもが支援学校に通うときには、教育委員会から、「支援学校に配置した看護師には人工呼吸器の扱いを定めていないから対応できません。人工呼吸器をつけた子は保護者の付き添いが必要」と言われるなど、なぜそうなるの？ということもたくさんありました。でも、一歩一歩前進はしています。私たちも、学校に訪問看護師を派遣する道を探るなど、協力できるところは可能な限り協力しています。

一方、地域の普通小学校に通う場合は、その二年前くらいから、少しずつ準備を進めたほうがいいでしょう。支援学校か普通学校か、ほとんどの親御さんが、その二者択一で揺れます。気持ちの整理期間として、ある程度の月日が必要です。

通うと決めたら、今度は教育委員会との協議が必要になります。ここが支援学校と違うところです。

重度の障害児を受け入れたことのない教育委員会は、受け入れ準備を整えるのに時間が必要です。れいかちゃんが通った小学校のように、受け入れに積極的な学校もあれば、そうでない学校もあります。時間をかけて話し合い、必要な人、もの、ことをそろえてもらい、学校生活をスタートできるよう、協力しながら進めていくのが理想です。

協議が難航しそうな場合は、私たちが間に入ることもあります。私は、まず学校側に、その子の状況を知ってもらうことが大事だと思っています。そのため、学校の関係者に合同カンファレンスに出席してもらうこともあります。その子を知り、理解すれば、「前例がないから受け入れられない」ではなく、「どうやったら受け入れられるか」という発想が生まれます。できない理由ではなく、できる方法を探してもらえるようになれば、親と学校の協力関係も深まると思います。

なお、普通学校であっても、看護師を配置すれば、支援学校と同様、痰の吸引や栄養注入までやってもらえます。うれしいことに、ほかの自治体でやっているならうちでもやりましょうと、看護師の配置に前向きに取り組む自治体が増えています。ですから、重い障害があっても、普通学校への進学をあきらめることはないのです。

子ども対応の訪問看護ステーションを増やす

最初は二・五人体制でスタートしたステップ♪キッズですが、二〇一五年現在、一一人の訪問看護師が在籍しています。一方、ヘルパーステーションであるドラゴンキッズには、非常勤を含め一五人のヘルパースタッフがいます。この人数で、およそ三〇人の利用者宅を訪問しています。

本音を言うと、もっとたくさんのお宅を訪問したいのです。あちこちから「うちにも訪問看護に来てほしい」というご依頼をいただくのですが、現在のマンパワーでは、三〇人の利用者が精いっぱい。これ以上増やすには、スタッフを増員するしかありません。

ステップでは、訪問看護師やヘルパーを随時募集しています。しかし、一気に一〇人、二〇人のスタッフを雇えるわけではありません。ステップだけでは、次々と寄せられる子どもの訪問看護ニーズには応えられないのが現状です。

そこで始めたのが、訪問看護ステーションを対象とする「小児訪問看護研修会」です。研修会では、障害のある子どもの在宅看護の進め方、乳児期、学童期と年齢が上がるに連れて看護やケアはどう変わるかなどを、私たちの経験を交えてお話ししています。

研修会では、私のほか、ステップ♪キッズの中本看護師や石橋看護師も、講師としてお話しさせていただきます。そして、なちかちゃんのお母さんも、「在宅生活の実体験者」として、自分の経験を話してくださいます。このように、現場の生の声を直接聞けるので、これから子ども対応の訪問看護を始めたいという方には、大いに参考になると思います。

研修会は、今年で六回目を迎えます。一年に一回のペースで行っているので、六年目ということになります。回を重ねた甲斐があって、少しずつですが、子どもの訪問看護を引き受けてくれる訪問看護ステーションが増えてきました。

熊本県は広いです。車で一時間も二時間もかかるところには、なかなか訪問にうかがえないのが現状です。でも、あちこちに子どもに対応できるステーションがあれば、すぐ近くのステーションに訪問看護を頼んでもらえます。そうやって、孤独とストレスに押しつぶされそうになる家族が少しでも減り、笑顔の在宅生活が広がっていけば、と願っています。

訪問看護師とヘルパー、その役割の違い

中本さおり
Nakamoto Saori

ステップ♪キッズだけだったところに、二〇一二年、ドラゴンキッズが立ち上がったことで、看護師とヘルパーがいっしょに利用者のお宅に訪問できるようになりました。

ヘルパーの力は偉大だと、私は思っています。ヘルパーがいると何がいいのか。例えば、人工呼吸器がなければ呼吸できないお子さんをお風呂に入れるには、最低三人は必要です。人工呼吸器は精密機器に当たるので、水に濡らすことができません。そのため、お母さんがお子さんを抱っこし、看護師が体を洗う、ということになります。

でも、その間、ベッドのシーツを取り替えたり、着替えを用意したりする人がいません。そこまでするると、せっかく訪問看護が入っても、お母さんの負担が大きくなってしまうのです。さらに、お風呂の片付けまでお母さんがやろうとすると、とてもせわしない入浴タイムになります。

そんなとき、ヘルパーがいてくれて、周辺のことをいろいろやってくれたら、お母さんはすごく助かるのです。

また、お母さんとお子さんが病院に診察に出かけるときも、ヘルパーがいると助かります。診察に行くとき、お母さんはお子さんを抱っこし、吸引セットを持ち、おむつを持ち、診察券を持ち…という具合に、一人でたくさん抱えなければなりません。ましてや、生まれたばかりのきょうだいがいたら、とてもお母さん一人では通院できません。

だからと言って、お父さんが通院のたびにいちいち会社を休んでいたら、その職場で働き続けることもままならなくなります。でもヘルパーがいたら、通院に付き添い、お母さんが持ちきれないものを代わりに持ってくれます。

それだけではありません。私は、ヘルパーに「医療知識がない」ということが、お母さんたちの心を支えるカギになっていると思っています。

私たち看護師は、お母さんに悩みを相談されたとき、つい医療的な観点からアドバイスしてしまいます。医療知識が邪魔をして、お母さんの気持ちに寄り添う前に、「こうしたらいいよ」と解決法を示してしまうのです。でも、ヘルパーの場合は違います。医療知識の邪魔が入らないため、お母さんの悩みに、ストレートに共感できるのです。「ああ、わかります〜」と、お母さんの「わかってほしい」という気持ちにスッと入っていけるのです。

そうした共感力を発揮できるところが、ヘルパーの最大の良さだと思います。

大人のつながりだけではなく、子ども同士のつながりも

このほど、障害児通所支援事業所「ボンボン」が新しく出来上がりました。これまではお宅に訪問することしかできませんでしたが、これからは、子どもたちが施設に通って来て、そこで私たちといっしょに過ごすことができます。

これによって、私は二つの大きな〝いいこと〟が生まれる気がしています。

一つは、私たちスタッフが、じっくり子どもたちと向き合えることです。

訪問看護も訪問介護も、医療的なケア、生活まわりの介助という目的があって、子どもたちのおうちに「訪問」します。時間的な制約がある中でケアを行い、時間がきたらご自宅を出て、別の訪問先に行かねばなりません。ですから、「この子ともっと遊びたいな」「この子の様子をずっと見ていたいな」ということができないのです。

以前、こんなことがありました。あるお子さんが誕生日を迎えるというので、ヘルパーの一人がプレゼントを手づくりしようと、担当の訪問スタッフに「○○ちゃんは、何が好きなんですか?」と聞きました。ところが、訪問スタッフはフリーズ。その子の好きなものを答えられなかったのです。一回につき一時間〜一時間半の関わりでは、その子の好きなもの、好きなことまで、なかなかわかりません。ケアや介助はできても、その子の個性は把握しきれないのです。

でも、施設に通って来てもらえば、そこでしばらく、スタッフといっしょに過ごすことになります。訪問のときのように、時間に追われることはありません。遊びやふれあいを通して、その子らしさや性格を知ることができます。

もう一つのいいことは、施設にやってきた子ども同士がふれあえることです。重い障害がある子どもたちは、自分で体を動かせないため、ほとんどの時間を自宅の中で過ごしています。一日の中で最も関わりが多いのが親御さん。つまり、大人です。私たち訪問スタッフも全員大人。きょうだいがいない場合は、自分と同じ「子ども」とふれあう機会が、まったくないのです。

でも、施設に来てもらえれば、子どもたちがたくさんいます。「あ、この子、あの子に関心がありそうだな」と思ったら、そっちに顔を向けてあげることもできるし、近づけて手と手をふれあわせてあげることもできます。

大人とだけではなく、同じくらいの年頃の子どもといっしょに過ごす時間は、とても大切です。そんな関わりが、新しい施設によって生まれると思っています。

Smile 8

だから、やってみよう

・ン 二人の目標

あおい君には、目標がある。通信制の大学に進学し、医療系事務の資格をとることだ。将来のことを考えると、やっぱり資格は大事。自分で未来像を描いて、それに向かう。病気だからといって、前に進むのをやめたりしない。

現在、通信制高校に通うあおい君は、中学生のとき、肺動脈性肺高血圧症という難病にかかった。肺の動脈が狭くなることで心臓に負担がかかり、全身に十分な酸素が行き渡らない。だから、どこへ行くにも酸素ボンベが必要。胸には二四時間点滴するためのカテーテルが入れられ、絶えず薬が体の中に投与されている。その副作用で、強い眠気に襲われる。

「ほかの子と違う」。これは、中学生にとっては大きなストレスだ。みんないっしょに進級し、高校へと進んでいくのに、病気のせいでそれができない。学校から足が遠のいたとしても、無理はない。もし、あおい君が学校に行かず、家に引きこもる生活を続けていたら、いまみたいに、目標をもつこともなかったかもしれない。でもあおい君は、学校に通うことで、将来の夢のカタチをつかみ取ろうとしている。

そんなあおい君の通学をサポートし、学び続ける気持ちを支えたのは、一人の不登校経験者だ。ステップ♪キッズの姉妹組織とも言えるドラゴンキッズのヘルパー、大津君だ。

あおい君が大津君と出会ったころ、大津君はほとんどしゃべらなかった。表情も乏しく、お世辞にも頼りがいのある若者ではなかった。でも、足かけ四年、あおい君とつきあっていく中で、大津君は見違えるほど変わった。そして「福祉のプロになりたい」という夢を抱いている。いま、大津君が不登校経験者だなんて思う人は誰もいない。ほんのり茶髪の、元気のよいお兄さんとしか映らないはずだ。

二人とも車が好きで、道行く自動車を見ては他愛のない会話を交わす。ついこの前は、福岡ドームまでプロレスを見に行った。端から見る二人は、固い絆で結ばれた大親友というより、気がつけば何となくいっしょにいる自然な関係。気負いはないけど、お互いに目標をもってがんばっている。

あおい君と大津君は、本来なら支援する人と支援される人の関係。でも、二人の出会いは不思議な化学反応を生み、静かだけど、大きな変化へとつながっている。

だるくて動けない

あおい君は、中学一年生までは普通に生活していた。異常に気づいたのは六月。学校の心電図検査で引っかかった。「詳しい検査を受けてください」

お母さんは、あおい君の異変に薄々気づいていた。中学に入学したばかりのあおい君は、なぜだかやたらと寝てばかりいた。「この子、なんか最近よく寝てるよねえ」。中学生活に慣れていないから疲れているのかな、と思った。

でも、それから間もなく、「あれ?」と思うことが起きた。学校の先生から、「あおい君、学校の集団宿泊研修で、山に登れなかったんですけど」と連絡があった。お母さんは首を傾げた。特に体の調子が悪いわけではないのに。なんでだろう……。

病院で検査を受けたところ、すぐに「肺動脈性肺高血圧症」と診断がついた。その頃、お父さんも体の具合が悪くて病院にかかっていたが、あおい君とは別の病名だった。しかし、あおい君が肺動脈性肺高血圧症だとわかって、お父さんは心配になった。「自分と症状がよく似ている…別の病院で、改めて調べてもらいたい」。そう言って検査を受けたところ、あおい君と同じ病気であることがわかった。

あおい君は、自分の体調に変化を感じ始めたころ、もしかしたら…と思っていた。すでにお父さんは病気だったので、自分も病気ではないかと思った。でも確信も確証もない。だけど、少し歩いただけできつい。よく眠っていたのは、入学のストレスからではなく、体がしんどかったからなのだ。

「もともと体力があるほうじゃないし、体育会系でもなかったので、疲れやすいのかなと安易に考えていました。早く気づいてあげられなくて、悪かったなって……」とお母さんは言う。

あおい君はすぐに入院することになり、学校も休んだ。最初は「どうせ夏休みが来るんだし、入院でゆっくりすればいい」という感覚だった。でも、夏休みが過ぎても、退院のめどは立たない。お母さんは、病院の院内学級にあおい君を受け入れてもらうことにした。

あおい君の入院期間は長く、一年半も病院で暮らした。「特につらいとか、きついとか思ったことはありませんでした。楽観的だったというのもあります。その日を楽しく過ごせればいいかなと」と、当時の気持ちを話す。

あおい君は小さいころ、飛行機が好きだった。将来はジャンボ機のパイロットになりたいと思っていた。熊本には、滑走路のそばで間近に飛行機を見られるポイントがあり、お母さんは幼いあおい君をよくそこに連れて行った。それが夢のきっかけになったが、あおい君は、「病気になったから、もうパイロットにはなれない」とは思わなかった。というより、そこまで将来を具体的に考えていなかった。病気になったこと以外は普通の中学生と何も変わらなかった。

通学の再開

一年半の入院生活を終えて、あおい君は学校に戻ることになった。しかし、一つ問題があった。病気によって、酸素ボンベと点滴が手放せない体になっていたあおい君は、「登校するのはいいが、誰かの付き添いがないと、何かあったとき対処できない」と学校側に告げられた。でも、お母さんが付き添うのは無理だ。フルタイムで仕事をしていたので、あおい君が授業を受けている間中、ずっと学校にいるわけにはいかない。

そこで利用したのが、ヘルパーの事業所として立ち上がったばかりのドラゴンキッズだ。

親でなくても、ヘルパーの付き添いがあれば、あおい君は学校に通うことができる。交渉を重ねた末、その学校では前例がなかったものの、登校を認めてくれた。あおい君の担当ヘルパーを誰にするかについて、島津医師は、「大津君がいいかもしれない」と思った。あおい君と同じ男性だし、二〇代前半だから年も近い。何より、ヘルパーの中で、大津君が一番時間の余裕があった。

小児の訪問では、どうしてもお母さん同士の会話が中心になる。子育て経験のあるヘルパーならまったく問題ないが、子育て経験もなく、しかも男性の大津君にはそれが難しい。だから、ほかのヘルパーと比べてまだ訪問件数が少なく、手が空いていたのだ。

大津君はもともと、中学校のときに不登校になり、ネクステップが運営する不登校児サポート事業「フィールド」に来ていた若者だ。フィールドでは月一回の農作業体験を通じて、不登校や発達障害の子どもたちに、共同作業の楽しさや、食の大切さを体感してもらうプログラムを実施している。

島津医師は、フィールドに参加していた大津君を初めて見たとき、「無愛想で何を考えているのかよくわからない」と感じていた。だから大津君に「今度ヘルパー事務所を立ち上げるんだけど、ヘルパーの研修を受けてみる？」と声をかけたとき、「受けます」という返事が返ってきたのにはおどろいた。

島津医師は「もしかしたら、不登校の経験がヘルパーの仕事に生かせるかもしれない」と考えた。でも、それによって大きな変化が起こるとまでは思っていなかった。

･◡ 授業の付き添い

大津君の、あおい君への付き添い生活が始まった。朝、二人で学校へ行くと、あおい君は授業を受けるために教室に入る。大津君は、学校側が用意した空き教室で待機する。

休み時間、大津君はあおい君の様子を見に行く。「どう?」「大丈夫」。交わされる会話はそんな程度だ。二人とも、あまりおしゃべりではない。学校生活は淡々と過ぎていった。

あおい君は当初、学校に通うことに不安を覚えていた。中学三年になったあおい君は、受験生独特のピリピリした空気がクラスに流れているのを感じていた。加えて、入院生活による一年半のブランクがある。体調のことより、他の子たちとの対人関係が不安だったのだ。そんな中、離れた教室にいるとはいえ、誰かが自分のために付き添ってくれているのは、精神的な支えになった。

あおい君のお父さんは、あおい君の病気がわかった翌年、亡くなっている。お母さんはヘルパー資格をもっていたので、あおい君と弟の二人を育てるために、病院で夜勤と日勤を交互にこなし始めた。

お母さんは仕事から帰ると、あおい君に「今日は大津君とどんなことを話したの?」と聞くのが日課だったと言う。あおい君より少し年上の大津君が、少しでも息子の話し相手になってくれればいいな、と思っていたからだ。

ただ、お母さんは正直「大丈夫かな?」と思っていた。お母さんの知っているヘルパーは、ほとんどが年配者のベテランだ。こんなに若くて大丈夫?と思った。それに、大津君の初対面の印象は、「すごく大人しい子」。しゃべらないのかなと思ったくらいだ。「あおいもどちらかと言えば大人しい性格で、大津君も口数が少ない。この二人がいっしょにいると、どうなるんだろう……」。でも、自分には仕事があり、あおい君の付き添いをすると生活が

大津くんとあおいくん、ボンボンにて

立ち行かない。ヘルパーの大津君は、お母さんにとっても必要な存在だった。

あおい君と大津君が打ち解け始めるのは、家族ぐるみでつきあうようになってからだ。ステップ♪キッズのスタッフ町田君の勧めで、あおい君一家と大津君、町田君でカラオケに行くようになった。そうなって初めて、お互いに車が好きだということがわかった。大津君は、あおい君と三つ違いの弟とも仲良くなった。会話の少なかった二人に、コミュニケーションが生まれた。

中学校に復学して間もなく、高校への進学を考えるときがきた。あおい君は、先生が勧めてくれた通信制の高校に進学することにした。そこなら、日曜日と月曜日だけ登校すれば、レポート作成やテストなどを受けることで進級できる。「何も考えず、先生に言われるままに『じゃ、そこで』と決めました。ぼく、いろいろ短絡的なんですよね（笑）」実はその学校は、大津君も通っていた高校だった。ところがあおい君は、そのことをぜんぜん知らなかった。

「大津君って、自分のことを自分から話すタイプじゃないんですよ。普通、自分の母校を受験すると聞いたら、『あ、それオレの卒業した学校だよ』と言いたくなりますよね。でも大津君の場合は、会話が弾まなかったのか、別に話すほどのことでもないと思ったのか（笑）」と島津医師。それでも大津君は、あおい君にとって、学校に通い続ける心の支えであり、自分を見守ってくれる存在だった。

自信の芽生え

通信制の高校に行くようになってからあおい君は、中本看護師の誘いで、週一回の午前中、ステップキッズの事務所でアルバイトを始めることにした。

あおい君は、朝が苦手だ。それには点滴の薬が関係している。亡くなったお父さんは、あおい君の治療に役立つようにと、現在あおい君がしているのと同じ点滴治療を受けていた。お母さんはお父さんから、「薬によって血管が広がると、体が温かくなって眠くなる。この感覚は体験者じゃないとわからない」と聞いていた。あおい君も同じで、一日に二、三回、フウッと眠くなることがある。反面、夜はハッと目が覚めたりと、なかなかまとまって熟睡できない。だから朝が苦手なのだ。

中本看護師は、生活のリズムを整えるためにも午前中アルバイトに来たら?と勧めてくれた。アルバイトは、入力作業や事務作業などの簡単な仕事。だがこの時間が、あおい君の心に変化をもたらし始めた。

「それまでは、自分が他人にどう見られているか、気になっていたんです。だってぼくには、常に酸素ボンベと点滴注射の器具がついています。これを見た人は、ぼくをどう思うのかなと考え始めると、すごく不安になっていました。でも、アルバイトに行くようになって、それが薄れてきた。自分に少し自信がつきました」

ステップの事務所には、看護師やヘルパーなど、さまざまな年齢、経歴の人がいる。小さなスペースに多くのスタッフが出たり入ったりしているので、いつもにぎやか。仕事の連絡や報告に加え、雑談やお悩み相談、ときどきスタッフの子どもが来ては「遊ぼ〜」と声をかけてくる。壁には、障害をもちながらニコニコと生きる子どもたちの写真。事あるごと

ただいまバイト中

に世話焼きのスタッフが「あおい君、大丈夫？」と気にかけてくれる。その中には、ドラゴンキッズのヘルパーである大津君もいる。学校とは違う環境が、そこに広がっていた。

アルバイトは、いまも続けている。朝。大津君が車であおい君を自宅まで迎えに行き、いっしょにステップの事務所へ。あおい君は昼過ぎまでアルバイトをし、終わったら大津君といっしょに帰宅。大津君はそこから夕方まで、ヘルパーとしてあおい君の見守りをする。そんな毎日が続いている。

感じ合うことがあれば

あおい君は、通常なら四年通う通信制高校を、三年で卒業しようとしている。期間を短縮する分、勉強量も増えるが、「やってみよう」と心に決め、取り組んできた。その結果、無事に三年で卒業できそうだ。医療事務の資格は、島津医師から勧められた。その資格があれば、将来ステップで働きたいとなったときでも、すんなり就職できる。ステップではなくても、ほかの施設や事務所でも採用される可能性が高まる。将来の選択肢が広がるのだ。

高校卒業後は、放送大学に進学したいとあおい君。将来何になるかは、具体的には決めていない。放送大学の四年間で見つけようと思っているが、その間も資格や技術は少しでも身につけておくつもりだ。最近お母さんは「今日は大津君とどんなことを話したの?」と聞かなくなった。カラオケに行くようになって、大津君とは仲良くなっているし、あおい君と二人いっしょにゲームやテレビを見ている様子も何度か見かけている。

大津君は人の話を聞くタイプ。お母さんはそうみている。あおい君の弟が不登校になったときも、不登校の先輩として何か助言でもしてくれるのかな、と期待していたら、そんな気配は一切なし。自分からアクションを起こすタイプではないんだと思った。でも、たとえ自主的な働きかけはなくても、普段から話したりコミュニケーションをとっていれば、何か感じ合うことがあるだろう。お母さんはそう思っている。

「大津君はこの二、三年で大きく変わりましたよ」とお母さん。「最初は暗いイメージだったんですけど、昨年、突然茶髪にしてきたんですよ。どうしたの?って(笑)。以前の大津君からは考えられないですね」。あおい君もまったく同じ思いだ。

おもしろいことに、あおい君と大津君は、いつもそばにいるのに、将来のことについて深く語り合ったことがない。大津君が不登校だったことも、あおい君はつい最近知った。ステップ部門の宴会に参加したとき、初めてその話を聞かされたのだ。あおい君は「そんな大変な経験をした人には見えない」と思っている。

友だちのようでいて、友だちではない。あおい君にとって大津君は、気がつけば近くにいるお兄さんみたいな人なのだ。

大津君の気持ち

ところで、大津君は、あおい君をどう思っているのか。

「あおい君の第一印象は、落ち着いた感じ。でも弟とじゃれ合っているときは、普通の中高生だなって思いました」

大津君は不登校時代、教育委員会から話し相手として派遣されてきた大学生と交流があった。その大学生がネクステップのフィールド部門の立ち上げに関わっていた。フィールドでは、不登校の子たちが農作業を通じて食の大切さを体感するプログラムを行っている。大津君はそれに参加した。

しばらくして、島津医師から「うちの事務所でアルバイトをしてみないか」と誘われた。「抵抗がまったくなかったわけではありませんでしたが、自分にそう言ってくれるんだから、やってみよう、という気持ちでした」

実際に始めてみた感想は「なかなか大変だった」。それまでまともに仕事に就いた経験がなかったので、すべてが初めて尽くし。中本看護師には、あいさつから指導された。

一年半、みっちりとスタッフたちに鍛えられたあと、今度は「ヘルパー研修を受けてみないか」と言われた。その頃はステップの仕事の中身もだいたいわかっていたので、まずはヘルパー資格から取ろうと、取り組み始めた。

訪問の現場に入るようになって、右も左もわからないまま、先輩ヘルパーや看護師に言われるがままに動いていた。そして半年ほど経ったとき、あおい君の担当になった。

ヘルパーの仕事を始めて自分は変わったと、大津君は言う。「人との接し方が変わりました。以前より会話やコミュニケーションがしやすくなりましたね」

自分の変化だけではなく、あおい君の変化も感じ取っている。「自らすすんで何かをやろうとする姿勢が出てきたと思います。前は勉強する姿を見かけたことがなかったんですが、今は通信制高校を三年で卒業しようと、集中してがんばっています。そこが出会ったころと一番違っている点ですね」

・ᴗ・「やる」ことが大事

大津君は、現在の仕事を生かし、福祉の専門家をめざしたいと言う。できれば、住まいのアドバイザー的な仕事をやってみたい、と心の中では思っているが、ステップのスタッフたちは大津君を放っておかない。「看護師になりなっせ～」「リハビリ資格とりなっせ～」と迫ってくる。「次から次へと勧めてくるんですよ」と笑う。

一方、あおい君は、酸素チューブと点滴カテーテルがついている以外、とても元気そうに見える。でも、危険がないわけではない。つい先日も、胸のカテーテルが取れてしまい、救急車で運ばれた。そして感染症を防ぐために、一か月半入院している。

あおい君は病気になってから、ある一冊の本を読んだ。気管切開したソプラノ歌手のドキュメント『わたし〝前例〟をつくります―気管切開をした声楽家の挑戦』(青野浩美・著／クリエイツかもがわ)だ。気管切開したら声を出せなくなるというのが通例だが、彼女はあきらめずに声を取り戻し、前例のない「気管切開しても歌い続ける歌手」になった。

この本を紹介してくれたのは、「バイトに来ない?」と誘ってくれた中本看護師だ。当初、バイトに来ても何となく過ごすことの多かったあおい君を見て、「この本を読んで、感想文を書いてきて」と宿題を出したのだ。

あおい君は、真面目にこの宿題に取り組んだ。そして、次のような感想文を中本看護師に提出した。

『わたし〝前例〟をつくります』を読んで

ぼくは、『わたし〝前例〟をつくります』を読んで、思ったことが二つありました。一つは、自分だけがきついわけではないこと、もう一つは、前例をつくることは大変だけど、前例がないからできないと決めつけない、ということです。

まず、一つ目の理由から書きたいと思います。いままでも、ぼくは自分よりも大変な人を見てきたつもりでした。しかし、ふと気がつくと、自分が一番きついんだ、と思っていることがありました。でも、この本を読んでから、また改めて、いろんな人がいること、そして、自分がいまどんなことに幸せであるかということを実感することができました。

それと、ぼくも歌が大好きで、歌うために努力したことがなかったので、歌えることがどんなに素晴らしいことかがわかったような気がします。

ぼくも、酸素ボンベや持続注射などがあるけれど、それに比べて気管切開した人たちは、切開口から水が入らないようにしたり、外泊の際に人工呼吸器を持って行ったりしないといけないので、すごく大変だと思いました。

だらだら書きましたが、次は、二つ目の理由です。なぜそう思ったかというと、最後のページに「前例がないならつくればいい。可能性がゼロでない限り、前例はつくっていけるのだと私は思う」と書いてあったからです。

この言葉を目にし、読んだとき、何か心にぐっと込み上げてくるものがありました。ぼくも病院に入院しているときには、これは無理だとか、病気だからとか、言い訳ばかりし

弟とカラオケ熱唱中

て、何事にも努力していませんでした。しかし、先月、東京ディズニーランドに行くという、入院当初は考えられなかったことができました。この体験は、きっとこれから何をするときにも、役に立ってくれると思います。

最後に、この本を貸していただいた中本さんには、とても感謝しています。いろんなことに気づかされ、そして、あきらめずに努力していれば、きっと何でもできると思いました。これからも、勉強もバイトも、いっしょうけんめいがんばりたいと思います。

これを読んだ中本看護師は、泣いた。

あおい君に、こんなにも人の人生に共感する気持ちがあることを知り、感動したのだ。

「前例がないなら、つくればいい」

この言葉は、あおい君の心に勇気をくれた。できないことがあっても、がんばればできるかもしれない。なにより「やる」ということが大事。「だから、やってみよう」。あおい君はいま、そう思っている。

弟の合格祈願へ

Smile 9

枠を飛び越えて広がる

「不登校」と「介護」がつながった

島津智之
Shimazu Tomoyuki

ステップ♪キッズに続き、ドラゴンキッズができたことで、訪問看護師ではなく、ヘルパーで十分対応できるケースにまで利用の幅が広がりました。その一つが、あおい君のケースです。あおい君の通学には、訪問看護は必要ありませんでしたが、学校に付き添ってくれるヘルパーの存在は必要でした。

あおい君に大津君をヘルパーとして派遣したのは、一つのチャレンジでした。でも、派遣を決めた私ですら、二人がこれほど大きな成長を遂げるとは思っていませんでした。

大津君は、フィールドで行っている農作業体験の取り組みに、フラッと来るようになった若者です。コミュニケーションが取りづらく、これで社会に出られるのだろうかと、かなり心配していました。

あまりにも心配になってきたので、「ステップの事業所で週一回、事務のバイトをしないか？」と誘ってみました。すると「します」という答えが返ってきたので、アルバイトに入ってもらいました。ところが、書類を整理するのに、普通は一時間くらいで終わる作業が、二～三時間もかかるのです。それだけていねいにやっていたからですが、私は「これはちょっと大変だな」と思いました。ステップ部門のスタッフも同じような印象だったようです。

それでも、アルバイトを通じてステップのメンバーと接しているうち、コミュニケーションスキルもアップし、仕事にまじめに取り組む姿勢が認められるようになってきました。そこで、一年くらい経ったとき、また聞いてみました。「ヘルパーの事業所を立ち上げようと思っているから、ヘルパーの資格を取りに行く？」

するとまた、「行きます」という返事が返ってきたのです。ヘルパーの仕事はさまざまな人と関わる仕事だから、彼は断るだろう思っていたので、この返事は意外でした。それどころか、半年間の研修期間を、大津君は無遅刻無欠席で通したのです。そして、ついにヘルパーの資格を取りました。

その後、現場に出るようになってからも努力を重ね、患者さんからもスタッフからも信頼されるヘルパーへと成長していきました。

あおい君との関わりが、大津君にどれだけの影響を与えたのかはわかりません。でも、人と人が出会うことで、予想もしない何かが生まれることを、私はあらためて実感しました。二人は本来、出会うことのない二人です。でも、「ステップ部門」

●図：NPO法人NEXTEPの事業

フォーラム

- NPO合同ガイダンス スタートの企画
- 異業種交流会
- 講演会の企画

ステップ
（小児在宅支援部門）

- 訪問看護ステーション ステップ♪キッズ
- ヘルパーステーション ドラゴンキッズ

フィールド

- 農作業体験を通しての 不登校児サポート
- 勉強会

と「フィールド部門」がNPO法人ネクステップという大きなくくりでつながっていたため、出会えたのです。

人がつながり、いい循環ができていくこのような例は、医療だけをやっているところではなかなか生まれにくいと思います。分野の異なる事業が共存するNPOだからこそ、できることではないかと思います。

専門家だけではいいアイデアは出ない

子ども専門の在宅支援「ステップ」は医療と福祉、不登校の子をサポートする「フィールド」は教育分野の事業なので、とてもわかりやすく、スッと理解していただけると思います。ただ、異業種交流会や講演会を行う「フォーラム」は、特定の分野をもたない上に、ステップとフィールドとの関わりが見えにくいと思います。

でも私は、フォーラムこそ、ネクステップの肝だと考えています。私たちが取り組む医療、福祉、教育の問題は、その道の専門家だけが集まってディスカッションしても、なかなかいいアイデアが出ないのです。突破口を開くには、まったく別分野のまったく新しい視点が必要です。

ネクステップは、立ち上げ当初から「異業種をどう巻き込むか」を課題にしてきました。いろいろな人を巻き込み、いろいろな視点からアプローチするために定期的に異業種交流会を開いたり、医療とは直接関係ない人を招いて講演会を開く活動をしているのは、そのためです。また、私たちのやっていることを異業種の方々に知ってもらう、という目的もあります。

新しい通所施設「ボンボン」を立ち上げるときも、フィールドの講演会でお招きした東京おもちゃ美術館の多田千尋先生のお話が役に立っています。講演の中

ボンボンの風景。ウッドデッキに出てみんなでしゃぼん玉

で、木を真ん中において子育てする「ウッドスタート」の話が出てきました。これがきっかけとなり、地元の「小国杉」を使ってみようということになり、ボンボンの床をすべて小国杉のフローリングにしました。おかげで、木のぬくもりたっぷりの施設に仕上がりました。

このように、講演会や交流会を通じたつながりから、新しい事業展開が生まれることが、ネクステップのめざすところなのです。ステップ♪キッズ立ち上げのとき、地元の企業経営者が車を寄贈してくれたり、事務所を貸してくれたりしたのも、異業種のつながりがあったからです。

地域で困っている子どもたちに、何かしたい

ただ、こうしたネクステップの理念を、肝心のスタッフたちにどれだけ理解してもらえているかを考えると、やはり、何度も何度も伝え、ビジョンを共有する必要があると思っています。

現在、半年に一回の頻度で、全スタッフが集まってミーティングを行い、半年間の振り返りとビジョンの共有を行っています。ステップもフィールドも、事業としてはこれからもまわっていくでしょう。でも、そのこと自体がネクステップの目的ではありません。いろいろな人が関わり、新しい展開を生むという本来のねらいを、スタッフたちと共有し、大事にしていきたいと思っています。

私の根本には、「地域で困っている子どもがいたら、自分にできることは何だろうか」という思いが

あります。私たちがやらなくても解決できる問題は、すでに社会全体でクリアされています。でも、そこからこぼれ落ちている子どもたちもたくさんいます。

不登校の子や発達障害の子と関わっていると、その子たちをサポートする仕組みが少ないことに気づきます。それまで裕福な家庭だったのに、両親の離婚でいきなり貧困生活になってしまう子、虐待を受け続けているのに、まわりに気づいてもらえていない子、シングルマザーのお母さんのもとに、父親の違うきょうだいが何人もいる子。そんな子どもたちを支援する仕組みは、まだまだ日本には少ないのです。

私は、子どもが関わる犯罪や事件がニュースで報道されるたびに、とても悲しい気持ちになると同時に、同じことが日本中どこで起こってもおかしくないと、危機感を強めています。そうした不幸な事件を防ぐためにも、子どもたちへのサポートが必要です。

重い障害がある子たちの在宅サポートの仕組みは、ステップ♪キッズやドラゴンキッズで整いつつあります。次は、見た目には障害がないけど、生きづらい環境にいる子たちをサポートする

しゅりくんとりょうがくん、ボンボン朝の会

仕組みをつくりたい。そのためには、教育、福祉、地域の連携が必要です。

中でも、教育との連携が大きな課題になるでしょう。スクールソーシャルワーカー、保健師、養護教員の方々と少しずつネットワークをつくりながら、この課題を乗り越えていきたいと思います。

思いをネットワークに

法律や制度は、整うに越したことはありません、でも、それがないと何もできない、というわけではありません。

子どもを支えたい、地域をよくしたい。そんな思いをもった人たちがつながれば、法律や制度がなくても、地域はいい方向に変わっていけます。結局、そこに関わる人の「思い」が一番大事なのです。思いをもったさまざまな職種の人たちとつながりながら、地域でがんばれる仕組みができれば、どんなに制度が整っていなくても、どんな田舎であろうとも、変わることができます。

思いをもった人はたくさんいます。でも、一人だけではどうしようもないと感じ、動けていないだけかもしれません。そんなとき、「一人でがんばらなくてもいいんですよ、いっしょにがんばりましょうよ」という人たちがまわりに増えれば、力を合わせて必要な仕組みを形にしていくことができます。

ネクステップが最終的にめざしていることは、「すべての子どもたちが笑顔でいられる、あたたかい地域社会を創ること」です。しかし、そのためには、思いをもった人同士が出会わなければなりません。その出会いの場をつくり、思いに火を付ける役割を担いながら、あたたかい化学反応を起こす手伝いができたらな、と思っています。

振り返ってみると、これらはすべて、私がこれまでに出会った大勢の子どもたちが教えてくれたことです。今までに出会った子どもたちとそのご家族に心より感謝します。

多様性の中で

あるテレビ番組で、海外の学者が、「今の時代、性別も、障害のあるなしも生み分けることが可能です」と自信たっぷりに語っていました。私は、その番組を見ながら、悲しく絶望的な思いになったことを覚えています。しかし、番組の最後、日本の新生児医療を担っている先生の言葉に救われました。「出生前に障害をみつけて、障害のない子ばかりの社会、そんな多様性のない社会に未来はない。人類は多様性があるから発展してきたのだ」と。

子どもたちは、どんなに障害があっても、学校に登校できていなくても、一人ひとりはキラキラと輝いています。そんな宝物をもって生まれた子どもたちが、「生まれてきてよかった」と思える社会を創っていきたいと思います。

Epilogue
エピローグ

ステップ♪キッズ管理者　看護師
中本さおり

「子どもってかわいい！」そのひと言につきます。どうして小児の訪問看護を続けているかといえば、子どもがかわいくて仕方ないからです。

私たちが関わっている子の中には、しゃべったり笑ったりしない子もたくさんいます。でも、彼ら、彼女たちからは「ぼく、ここにいるよ」「わたし、ここにいるよ」というオーラを感じるんです。

誰かのために、何かをしてあげたい気持ちは、誰でももっていると思います。でも、その子たちにふれると、「何かしてあげたい！」という気持ちが、よりふつふつと湧いてくるのです。

重い障害がある子どもたちは、生きること自体が一生懸命です。私たち健康な人間は、息をしたりごはんを食べたりすることを「大変だ」と思うことはありません。でも障害がある子は、大変なのです。息一つするのも、食事をとるのも、一生懸命なのです。

その様子を見ていると、自分が悩んでいることなんて、すごくちっぽけなことだな、と思えてきます。

この子たちに比べたら、自分が考えていることなどささいなことだ、もっと広い視野をもたなきゃ、という思いにさせてくれます。

何かしてあげたいな、という思いは、私だけでなく、スタッフ全員が感じていることだと思います。だから、誰に言われるでもなく、お母さんやご家族に「公園に行ってみましょうか」「お誕生会、開きましょうか」とさまざまな提案をします。すると、お母さんたちの目がキランと光って、子どもたちの目もキランと光るのです。

外に出て、風を感じたり、お日さまの光がまぶしかったりすると、子どもたちはそれに反応を示します。お母さんも「風、気持ちいいね。よかったね」と笑顔になってくれます。この瞬間です。私たちが「やってよかった!」と思うのは。

訪問看護や介護が、そこまで子どもたちに関わっていいのか、という声もあるかもしれません。でも、ここまでは関わっていいけど、ここからは関わってはいけないなんて、そんな線引き、誰にも決められないと思います。ただ子どもがかわいいから、この仕事を続けている。ステップの活動は、本当に、私の生活そのものなのです。

編著者プロフィール

島津智之（しまづ ともゆき）

認定NPO法人NEXTEP理事長／熊本再春荘病院小児科医。

1977年生まれ。福岡県直方市出身。熊本大学医学部卒業。大学在学中の2000年12月、仲間と共に任意団体NEXTEPを立ち上げる。その後、小児科医として、不登校児支援や障害児支援を行うと共に、NEXTEPの活動として農作業を通した不登校児支援事業などを行う。2009年にNPO法人格を取得し、NPO法人NEXTEP理事長に就任。

中本さおり（なかもと さおり）

1973年生まれ。福岡県大牟田市出身。2児の母。21歳で看護師免許取得。救急病院や総合病院勤務を経て訪問看護の道へ進む。NPO法人NEXTEP設立メンバー。訪問看護ステーションステップ♪キッズの初代管理者。現在は、小児在宅支援部門ステップの総括部長。子どもたちには優しく、スタッフには怖い存在？

認定NPO法人 NEXTEP

認定NPO法人NEXTEP ホームページ：http://www.nextep-k.com

問い合わせ先：home@nextep-k.com

2000年 任意団体NEXTEP 設立

2004年 映画「パッチアダムス」のモデルとなった、Dr. ハンターアダムスを熊本招き、
　　　約2000人の聴衆を集めての講演会を開催。

2005年 不登校の子どもたちと一緒に農作業体験事業「フィールド」開始。

2009年 NPO法人取得、全国でも数少ない小児専門の訪問看護ステーション「ステップ♪キッズ」開設。

2012年 居宅介護事業所「ドラゴンキッズ」開設

2014年 認定NPO法人を取得

2015年 障害児通所事業所「ボンボン」開設

スマイル　生まれてきてくれてありがとう

2016年1月31日　初版発行

編著者●ⓒ島津智之・中本さおり
認定NPO法人NEXTEP

発行者●田島英二　taji@creates-k.co.jp
発行所●株式会社 クリエイツかもがわ
〒601-8382 京都市南区吉祥院石原上川原町21
電話075(661)5741　FAX075(693)6605
http://www.creates-k.co.jp　taji@creates-k.co.jp
郵便振替　00990-7-150584
取材・編集協力●おふぃす・ともとも　高野朋美
装画・イラスト●佐々木あゆみ
デザイン●菅田　亮
印刷所●シナノ書籍印刷株式会社
ISBN978-4-86342-176-9 C0036　printed in japan